AF174462

Historia del ROCK
La música que cambió el mundo

LAS TRES EDADES

Y DIJO LA ESFINGE:
SE MUEVE A CUATRO PATAS POR LA MAÑANA,
CAMINA ERGUIDO AL MEDIODÍA
Y UTILIZA TRES PIES AL ATARDECER.
¿QUÉ COSA ES?
Y EDIPO RESPONDIÓ: EL HOMBRE.

1.ª edición: febrero de 2022
2.ª edición: noviembre de 2025

Todos los derechos reservados.
Cualquier forma de reproducción, distribución, comunicación
pública o transformación de esta obra solo puede ser realizada
con la autorización de sus titulares, salvo excepción prevista por la ley.
Diríjase a CEDRO (Centro Español de Derechos Reprográficos,
www.cedro.org) si necesita fotocopiar o escanear algún fragmento
de esta obra.

Colección dirigida por Michi Strausfeld
Diseño gráfico: Gloria Gauger
© Jordi Sierra i Fabra, 2016
© De las ilustraciones de interior y cubierta, Xavier Bartumeus
© Ediciones Siruela, S. A., 2016, 2025
c/ Almagro 25, ppal. dcha.
28010 Madrid. Tel.: + 34 91 355 57 20
www.siruela.com
ISBN: 978-84-18859-99-1
Depósito legal: M-2.489-2022
Impreso en Arcángel Maggio
Printed and made in Spain

Papel 100% procedente de bosques gestionados
de acuerdo con criterios de sostenibilidad

Jordi Sierra i Fabra

Historia del ROCK
La música que cambió el mundo

Ilustraciones
de Xavier Bartumeus

Siruela

Las Tres Edades Nos Gusta Saber

Índice

Prólogo

La historia del rock es uno de los más apasionantes viajes que podemos emprender para entender el presente a través del pasado. Cientos de artistas son como amigos que nos han acompañado día tras día, miles de canciones forman la banda sonora de nuestra vida. La música ha estado con nosotros siempre, forma parte de nuestros recuerdos más vivos. Y en muchos casos, al escuchar una canción hoy, no sabemos que fue hecha hace cincuenta años o que la biografía de su autor es extraordinaria, ni sabemos que un guitarrista que ahora nos emociona es heredero de una leyenda de antaño, sin la cual él no existiría. El rock y todos los géneros que engloba han tejido la alfombra mágica sobre la cual nos hemos embarcado para un largo viaje, tan explosivo como armónico.

Este libro trata de ser un breve y sucinto recorrido por esa historia desde la primera mitad de los años cincuenta. No es un compendio de autores o anécdotas, sino un manual de urgencia con el que adentrarse en la más asombrosa de las odiseas, la de la música que cambió el siglo XX... y sigue en el XXI. Tendencias, modas, avances, energía, mitos, leyendas, pasión, todo converge en lo que, a través de la rebeldía rockera, ha dado carácter a nuestro tiempo pasado y presente. El rock es la música de los poetas que usaron la guitarra como bandera, de los revolucionarios que emplearon la voz y el sonido para cambiar las cosas, y de los visionarios que se arroparon en su fascinante libertad para dejar su huella en el tiempo.

¿Y qué es el rock? Probablemente lo que dijo Little Richard en sus comienzos: «A-wop-bop-a-loo-bop-a-lop-bam-boom».

Oye el disco y sabrás de qué hablo.

Jordi Sierra i Fabra, 2016

Capítulo 1
Qué pasó antes

Un nuevo mundo

Se dice que la historia del rock comenzó en 1953, cuando un DJ llamado Alan Freed se inventó el término «rock and roll». Se dice que nació el 12 de abril de 1954, cuando un músico llamado Bill Haley, al frente de su grupo los Comets, grabó la canción «Rock around the clock», considerada el primer hito sonoro de esta historia. Pero ya antes, entre 1951 y 1952, se habían sentado las bases del fenómeno musical más importante del siglo XX, mantenido hasta hoy con pleno vigor, y ya antes las palabras «rock» y «roll» habían aparecido en algunas canciones.

Vayamos hacia atrás. ¿Por qué, de pronto, aparecieron cantantes y grupos formados por tres o cuatro miembros, tocando guitarras y baterías, cuando hasta finales de los años cuarenta lo que imperaba eran las grandes orquestas con sus solistas privilegiados? ¿Por qué ese cambio tan radical? Y, sobre todo, ¿por qué esa música rompió las barreras del pasado y dio un nuevo lenguaje a los jóvenes del momento?

Hubo una suerte de acontecimientos que provocaron este cambio fundamental en los Estados Unidos primero, y en Inglaterra después. Por un lado, la ruptura social que representó la Segunda Guerra Mundial. Por el otro, la emigración de la comunidad negra americana dentro de su propio territorio. En tercer lugar, la aparición de los llamados *mass media* (medios de comunicación de masas), que en muy pocos años lograron la primera globalización mundial. Entre 1956, año de la explosión del rock and roll, y 1967, año del primer programa de televisión visto a la vez en los cinco continentes, solo media una década. En este tiempo los tocadiscos

Bill Haley

se hicieron baratos y al alcance de todos los bolsillos (antes eran un aparato de lujo para hogares con poder adquisitivo), la aparición del Long Play (LP) facilitó y democratizó la venta de discos, y la guitarra eléctrica se erigió en estandarte y convirtió al rock and roll en un grito. El grito rebelde de los nuevos tiempos.

Finalmente y desde entonces, hablamos de la Era del Rock y del Rock como símbolos de la música que cambió el mundo.

La guerra

Todavía en los años sesenta, la segregación racial era muy estricta en los Estados Unidos, sobre todo en los estados sureños. Sin embargo, en la Segunda Guerra Mundial (1939-1945) blancos y negros combatieron juntos en las trincheras, codo con codo, tanto en Europa contra Hitler como en el Pacífico contra los japoneses. La música tuvo en ese tiempo un primer hermanamiento. Al acabar la guerra, por desgracia, los negros volvieron a ser tratados como ciudadanos de segunda y se produjeron los grandes cambios demográficos que modificaron el mapa del país. En los años treinta vivían en California 80.000 negros, y en 1950 llegaron al medio millón. Lo mismo sucedió en otras ciudades. Chicago pasó de 390.000 a 650.000 y Michigan de 200.000 a 450.000. Este desplazamiento, de sur al norte y al oeste, cambió el mapa de los Estados Unidos. La música negra, el jazz y el bues, se expandió y se encontró con la de los blancos, el folk y el country, expresión de la música popular heredera de las raíces europeas de los emigrantes que llegaron a América a finales del siglo XIX y comienzos del XX. De esta forma el proceso comenzó a germinar. También hemos de hablar de los jóvenes de la posguerra, los hijos de los que habían ido a combatir. Ellos buscaron un nuevo lenguaje, romper las barreras con sus padres, enfrentarse al nuevo mundo surgido tras la guerra, y el vehículo de ese cambio fue el rock and roll.

El primer ídolo de masas de esta historia fue un chico italoamericano llamado Frank Sinatra. Él desató la furia y el entusiasmo de

Frank Sinatra

las fans de su tiempo y fue el primero que despertó la histeria entre su público. Durante años cantó con las mejores orquestas, pero con la guerra estas se quedaron casi sin músicos, porque gran parte de los hombres se habían ido a combatir al frente. Entonces se benefició de un hecho insólito: en 1942 se produjo una huelga de músicos y dejaron de grabarse discos. Asimismo, todos los programas de radio se hacían en vivo y con orquestas. Sinatra comenzó a cantar sin orquesta y eso marcó un antes y un después en la industria discográfica. Las orquestas eran caras, así que ¿podía hacerse música con menos instrumentistas? Y si así era, ¿qué música?

La respuesta la dio el rock and roll: con tres o cuatro chicos se grababa un disco que, encima, podía vender un millón de copias.

La música en aquellos años se creaba en un complejo de oficinas de Nueva York llamado Tin Pan Alley. Allí estaban los más grandes compositores y los intérpretes acudían a ellos en busca de canciones. Esos músicos pertenecían a una sociedad de autores llamada ASCAP (American Society of Composers, Authors and Publishers). Pero ¿qué pasaba con los miles de artistas menores que se hacían su propio material y estaban diseminados por el país sin que nadie se ocupara de sus derechos? Fue así como nació en 1941 una segunda sociedad de autores, la BMI (Broadcast Music Incorporated). Una pulga contra un gigante. Pero la pulga comenzó a dar saltos y se hizo cada vez más importante. Toda la música popular, y por supuesto el rock and roll cuando apareció, pasó a depender de la BMI. La ASCAP creía que ellos representaban la verdadera música americana, la «de siempre». La BMI tenía otra idea. Para ellos la auténtica música americana del momento era la que hacían los folk-singers, los jazzmen, los bluesmen, los interpretes de country o los negros con su revolución a través del rhythm and blues (blues con ritmo). Y la BMI acertó.

Las ciudades

En la primera mitad de los años cincuenta, cuatro núcleos urbanos se convirtieron en los centros musicales del país: Nueva York, Chicago, Memphis y el delta del Misisipi.

Nueva York era el corazón del mundo del espectáculo americano, lo mismo que Los Ángeles lo era del cine. En Nueva York estaban los musicales de Broadway, Tin Pan Alley y el vértigo de la nueva capital del orbe occidental. Envolviéndola, aparecían las ciudades más conservadoras, Boston, Philadelphia o la misma capital, Washington. En Nueva York coexistían el Harlem negro y el Greenwich Village, convertido en lugar de culto gracias a los artistas que vivían en el barrio. El *American way of life*, el sueño americano, cobraba allí sentido. Más adelante, con el estallido de la generación beat o la llegada de Bob Dylan a Greenwich, la leyenda se dispararía.

En el sur existían una serie de ciudades que unían Memphis y su vecina Nashville hasta Nueva Orleans, en el delta del Misisipi. Los estados más esclavistas estaban allí: Luisiana, Georgia, Alabama, Misisipi, Tennessee y Arkansas. Muchos negros que emigraron al norte o al oeste acabaron quedándose en el camino; por eso Memphis o Nashville se convirtieron en hervideros musicales, y allí nacieron discográficas como Sun Records, en la que grabó un joven Elvis Presley además de Johnny Cash, Roy Orbison o Jerry Lee Lewis. Los artistas que no se quedaban en el camino y llegaban a Chicago convirtieron esta ciudad en una explosión de vitalidad, aparecieron compañías discográficas y el rhythm and blues se hizo fuerte. Gran parte del blues rural americano se fraguó en el Delta, de donde llegó a Memphis primero y a Chicago después. En Nueva Orleans se consolidó el jazz, el cajún, y a finales de los cuarenta el rhythm and blues. La principal leyenda y paradigma de esta época es Robert Johnson, que grabó dos docenas de canciones en una situación lamentable, solo, con su guitarra, en una sucia habitación de hotel, por unos pocos dólares, y murió de forma violenta sin alcanzar a saber que su influencia llegaría hasta hoy.

Géneros y estilos

El rock and roll fue la suma de todos los géneros populares de aquellos días. Incluso se utilizó una fórmula para describirlo: country and western + rhythm and blues = rock and roll.

Los negros de los Estados Unidos eran esclavos. En sus genes latían los ritmos africanos. En los campos de trabajo, recolectando algodón, el ritmo se volvió tristeza, sentimiento. Los espirituales y el góspel eran su forma de expresarlo. El blues acabó fundiendo todos esos matices en uno. Frente al blues, tenemos el jazz, al que se le atribuye el papel de ser la música negra del siglo XX. El jazz, que aportó de nuevo ritmo a la música de los negros, se basaba en la improvisación y con los años evolucionó de manera enérgica, dando paso al free jazz y al hot jazz. Por supuesto que la música de los blancos se benefició de todo ello, y cuando apareció el rhythm and blues, como antesala del rock and roll, fue imparable.

En Nueva Orleans el jazz se erigió en la fuente principal de la nueva música. Allí nació el ragtime pianístico del que surgió el swing y creó el puente al jazz. El swing nació en los años veinte, se desarrolló en los treinta y alcanzó su cota más alta en los años cuarenta, con músicos como Duke Ellington. También es de destacar el boogie woogie. Mientras el swing se centraba en el sonido de trompetas y saxos, con el piano de solista y la batería marcando el ritmo, el boogie woogie tuvo primero al piano como instrumento estrella y luego fue sustituido por guitarras. En 1940, en Harlem, músicos progresistas como Charlie Parker o Thelonious Monk dieron pie al bop (o be-bop), ritmo entrecortado, frases cortas, notas esenciales, etc. Aquellos fueron los años estelares del jazz en los Estados Unidos. Ya en los años cuarenta, el blues rural, el ritmo del swing y las constantes fusiones desembocaron en el rhythm and blues, comercial y abierto. Ideal para el siguiente paso que era encontrarse con la música de los blancos.

En el universo musical blanco durante mucho tiempo había reinado el folk, las canciones tradicionales que los emigrantes se trajeron consigo desde Europa. Hubo innumerables tendencias, como el bluegrass (sin guitarra solista, con violín y mandolina), el cajún (con acordeón y violín), el country, la música rural blanca, las baladas típicas del western... Una amalgama que necesariamente tenía que encontrarse al final con la explosiva creatividad de los negros.

La guitarra eléctrica

El gran instrumento del rock and roll y de la Era del Rock, el que lo define por antonomasia, es la guitarra eléctrica. A comienzos de los años cuarenta un músico llamado Les Paul, amante de la electrónica y sus progresos, creó una guitarra de cuerpo sólido a la que electrificó y conectó un altavoz. La fábrica de instrumentos Gibson Corporation se interesó por su invento y así nació la famosa Gibson Les Paul. Casi en paralelo, otro músico, Leo Fender, desarrolló su propio modelo, y así nació otra leyenda: la Fender, con sus dos estandartes, la Stratocaster y la Telecaster. La Fender Company se unió en 1965 al grupo CBS mientras que Les Paul siguió investigando a lo largo de los años sesenta. También fue el creador del primer equipo de grabación de 8 pistas, que supuso otro gran avance en su tiempo. Con los años se pasó al de 16 pistas, al de 32, etc.

El LP (long play)

Peter C. Goldmark fue el «inventor» del principal soporte discográfico de la Era del Rock: el LP (*long play*, disco de larga duración). Goldmark había nacido en 1906 en Hungría y llegó a los Estados Unidos en 1933. En 1936 comenzó a trabajar como ingeniero jefe en la cadena de televisión CBS. En 1948, cansado de que los discos de 78 revoluciones por minuto estropearan los programas con sus saltos e interrupciones (eran de pasta dura y se estropeaban fácilmente), creó el LP, a base de vinilo flexible, una de las revoluciones de la industria, conjuntamente con la aparición de la cinta magnética, que cambió de raíz el concepto de grabación. El LP giraba en el tocadiscos a 33 revoluciones por minuto, mientras que el single (una canción por cara) y el EP (*extended play*, dos canciones por cara) lo hacían a 45.

Capítulo 2
Cómo empezó todo

Un *disc jockey* llamado Alan Freed

Alan Freed era uno de tantos *disc jockeys*. Había formado un grupo en la adolescencia, estudió en la universidad, se alistó en el ejército, se licenció por enfermedad en 1942 y debutó en la radio como comentarista deportivo. Su pasión, la música, le hizo abandonar el deporte para pinchar discos en diversas emisoras. En 1950, ya muy conocido y reputado, fichó por la WJW de Cleveland, en Ohio.

Un día, Leo Mintz, un vendedor de una conocida tienda de música, le comentó que los discos que más compraban los blancos eran los de artistas negros. A Freed le extrañó. Esos discos no se oían por la radio; entonces… ¿cómo era posible que se vendiera lo que no se conocía pues no ser comercial o era «música de negros»? Él mismo empezó a devorar aquellas canciones y, al darse cuenta de su potencial, las programó en la radio en abierto. El éxito de audiencia fue fulminante. A la hora de bautizar su programa quiso escapar de términos como «nueva música» o algo parecido, y pronto encontró la fórmula. Una palabra que se repetía mucho era «rock». Otra, procedente del argot popular, era «roll». Las unió y su programa se llamó *Moondog's rock and roll party*.

En muy pocos meses el programa era líder en audiencia y saltaba de la radio a los teatros. El primer *show* en vivo del *Rock and roll party*, en marzo de 1952, tuvo que ser suspendido porque la capacidad del Cleveland Arena era de 10.000 espectadores, y en las calles había 30.000 que querían entrar. Una audiencia mayoritariamente blanca para escuchar puro rhythm and blues.

Los conciertos en directo del *Rock and roll party* se convirtieron en un tremendo éxito. Freed presentaba en vivo a los cantantes y grupos que radiaba y hacía famosos en las ondas. Cada artista tocaba dos o tres temas, y en total actuaban una docena de ellos. Vértigo y rapidez. En dos años la fama de Alan Freed le permitió ser contratado con un sueldo millonario por la emisora WINS de Nueva York. Era 1954. El 12 de abril Bill Haley grababa «Rock around the clock», canción que vendió 25 millones de copias en los siguientes veinte años. El tema, además, fue incluido en la celebrada película *Blackboard jungle* (*Semilla de maldad*), lo cual ayudó a su éxito. Tardó un año, pero ya en 1955 fue elegido disco del año.

El rock and roll ya era un fenómeno imparable, y como tal, la llamada «mayoría moral» de los Estados Unidos vio con preocupación su arraigo entre la juventud. De la noche a la mañana los blancos oían música negra (las canciones de rhythm and blues se consideraban «sucias», con veladas alusiones sexuales), bailaban de manera desenfrenada y vestían provocativamente, con blusas y pantalones ceñidos, cazadoras de cuero, brillantina en el pelo. El rock and roll era libertad y la campaña contra él no se hizo esperar. Incluso desde los púlpitos, los sacerdotes lo condenaban diciendo que era la música del diablo. La industria discográfica, sin embargo, supo ver en el rock and roll una mina de oro, un filón. Tres o cuatro jóvenes grababan dos canciones de un par de minutos y vendían un millón de copias. El negocio era redondo. Y lo siguió siendo gracias a Elvis Presley, que le dio imagen al rock and roll.

La race music

En aquellos días, muchos cantantes blancos, que sí sabían lo que estaban haciendo sus homónimos negros (y si no ellos, sí sus compañías discográficas), versionaban sus canciones, les quitaban agresividad y las frases dudosas, las edulcoraban y las grababan convirtiéndolas en grandes éxitos. El público ignoraba que existía una versión original, siempre más potente, hecha por un artista negro. Lo que hizo Alan Freed fue ofrecerles ese original. Incluso a veces radiaba las dos versiones. La industria discográfica americana separaba en aquel tiempo la música. Había una lista de éxitos para los blancos y otra, llamada race music, para los negros. Las emisoras blancas no programaban discos de race music. Freed sí lo hizo, y ese fue su éxito. La censura era implacable y cualquier duda servía para enviar un disco al limbo. Claro que las letras del rhythm and blues primero y del rock and roll después solían rozar o dar de lleno en lo que poco antes hubiera sido impensable. Un ejemplo: Chuck Berry decía en «School days» esta frase: «Drop the coin right into the slot» (Mete una moneda por la ranura). Cualquiera pensaría que se trataba de meter un níquel en la *juke-box* para escuchar una canción, pero en realidad era una metáfora del acto sexual. Un joven entendía la metáfora. Un adulto no. Por eso el rock and roll, que acabó de unir la música blanca y la negra, era tan peligroso.

Cuando un blanco hacía una versión más suave de una canción de un artista negro, hacía un *cover*. Decenas de cantantes se hicieron famosos convirtiendo en baladas temas que en su versión original eran tremendas piezas de rhythm and blues o rock and roll. Los artistas negros no podían ni quejarse. Las editoras de las canciones eran las dueñas del negocio.

Cuando el rock and roll se hizo fuerte, sus canciones pasaron a formar parte de la race music. De 1954 a 1957 (ya con Elvis dominando el universo de la música), todos los rockeros blancos salían en los *rankings* de race music. Con el éxito de Elvis Presley, a él se le incluyó en las dos listas de éxitos. Fue el primer paso para la integración definitiva en 1957. El rock parecía haber ganado.

Elvis Presley

Todo fenómeno necesita una imagen, y Elvis fue la del rock and roll: guapo, diferente, con una voz única, blanco, muy americano y buen hijo. La combinación perfecta. No tenía rival. Antes que el mismo Elvis, el más famoso fue Fats Domino, que ya tenía 17 discos de oro en su haber. Pero, como indica su nombre, Fats era

Elvis Presley

obeso, poco agraciado y negro. Chuck Berry y Little Richard, los grandes pilares, también eran negros. Jerry Lee Lewis, Carl Perkins o Gene Vincent sí eran blancos, pero sin la garra de Elvis salvo el primero, aunque no tuviera su voz. Hay que insistir en que el racismo era intenso en los años cincuenta, y lo siguió siendo hasta que en los años sesenta comenzó la verdadera lucha por los derechos civiles en los Estados Unidos.

Elvis Aaron Presley nació en Tupelo, Misisipi, pero vivió en Memphis, Tennessee, desde niño, porque su familia se vio afectada por la Gran Depresión de los años treinta. Fue un estudiante mediocre y trabajó de camionero, pero siempre trataba de cantar acompañado de su guitarra. Sus raíces eran el folk y el country, pero también la música góspel, porque cantó en el coro de su iglesia. A finales de 1953, con dieciocho años, se presentó en Sun Records con cuatro dólares en el bolsillo. Quería grabarle un disco a su madre. Lo hizo y se marchó. Pero la secretaria de Sun, Marion Keisker, quedó impresionada con él (físico, ropa y voz). Se lo comentó a su jefe, Sam Phillips, que al final, ocho meses después, le hizo una prueba. El 6 de julio de 1954 Elvis entró de nuevo en los estudios y con dos músicos de alquiler grabó unas canciones. Tímido y encorsetado, no parecía que fuese a pasar nada, pero en un descanso, de pronto, se soltó y cantó «That's all right». Sam le dio al botón de grabar y ese sería el primer single de Elvis Presley.

Sun Records era un sello discográfico nacido en el momento oportuno en Memphis, cuando la emigración hacia el norte hacía pasar por la ciudad a miles de personas. La ciudad bullía y la música era esencial en la vida de los que no tenían nada. Sam Phillips comenzó grabando a leyendas del rhythm and blues, como B. B. King o Howlin' Wolf, pero pronto descubrió a talentos blancos como Johnny Cash, Roy Orbison, Carl Perkins o Jerry Lee Lewis. La llegada de Elvis convirtió a la discográfica en el centro de atención. Después de editar cinco singles en Sun y de que Elvis conquistara todo el país, la poderosa RCA (Radio Corporation of America) compró su contrato por 35.000 dólares. Era una fortuna. Con ese dinero Phillips podía hacer muchas cosas. Pero lo cierto es que la RCA ganó millones porque Elvis se convirtió en la primera gran estrella del universo rockero.

El 10 de enero de 1956 Elvis grabó «Heartbreak hotel», su primer nº 1. Los meses siguientes cambiaron la historia de la música por primera vez y el rock se convirtió en un fenómeno mundial. En plena guerra fría, fue curioso que mientras en los Estados Unidos se le atacaba diciendo que «era la música del diablo destinada a contaminar a la sana juventud americana», en la Unión Soviética decían que era «un artilugio yanqui para contaminar a la sana juventud comunista». Hasta el Ku Klux Klan organizó quemas de discos. En el curso del año, Elvis fue una máquina de generar millones en ventas y números 1 en las listas de éxitos. El 9 de septiembre de 1956 Elvis cantó en el programa más famoso de la televisión americana, el *Ed Sullivan show*. Aquella noche 60 millones de personas le vieron en directo (aunque la televisión censuró la parte inferior de su cuerpo debido a sus movimientos pélvicos). Nadie olvidó aquella fecha. Fue una catarsis. Miles de chicos decidieron ser cantantes esa noche. Uno de ellos, por ejemplo, fue Bruce Springsteen. Antes de Elvis los cantantes no se movían, eran estatuas. Por si fuera poco, se vendió su imagen de buen hijo, religioso y, por supuesto, buen americano, algo imprescindible en aquellos momentos. Elvis era un «blanco sureño», algo extravagante en el *show business*. Después del *Ed Sullivan show* y la locura generada, la RCA editó siete singles de golpe y un octavo al mes siguiente, como avance de la primera película del ya llamado Rey del Rock and Roll, *Love me tender*.

Capítulo 3
La era dorada del rock and roll

De 1956 a 1959

Mientras el rock and roll ponía los pelos de punta a los detractores por la libertad que daba (o se tomaban) a los jóvenes, la industria discográfica (y todas las que tenían que ver con ellos) se frotaban las manos. La música era el primer escaparate de la nueva cultura popular. En una sociedad capitalista, solo existe el que consume, y si, de pronto, los adolescentes consumían, significaba que existían y había que darles carnaza. Música, ropa, bebidas, estética, ocio, todo empezó a girar en torno a la nueva frontera propuesta por el rock and roll. Además, en un tiempo en el que hasta en las escuelas se preparaba a los niños para «la bomba», por el miedo a un conflicto termonuclear con la Unión Soviética, el rock era una fantástica válvula de escape. Hollywood no tardó en sumarse a la moda, primero con películas del propio Elvis y después con una larga serie de nuevas estrellas emergentes, blancas y maravillosas. Si el cine musical ya era uno de los emblemas hollywoodenses, con el rock and roll alcanzó un cénit estratosférico.

En una película de 1934, *Sucedió una noche*, el más célebre actor del momento, Clark Gable, se había quitado la camisa y para sorpresa del público... debajo no llevaba camiseta, prenda considerada esencial entonces. En las semanas siguientes los fabricantes de camisetas notaron un tremendo bajón en las ventas de esa prenda. En 1956 o 1957, todos los jóvenes querían ser Elvis y vestir como él. Los mejores filósofos y pensadores empezaron a usarlo en sus análisis y estudios. Richard Goldstein dijo: «El rock es subversivo, no porque parezca autorizar el sexo, la droga y otras emociones fáciles, sino porque anima a la gente a juzgar por su cuenta los tabúes de la sociedad». Yo mismo escribí a finales de los años sesenta o primeros setenta que «Si Jesucristo volviera al mundo, predicaría con una guitarra eléctrica». No mucho después, con la aparición de los Beatles y la segunda y última demoledora explosión que hizo imparable el fenómeno rockero a nivel global en la historia, todavía seguían los ataques, como el de un reverendo que escribió dos libros en contra de la música. Una de sus frases decía: «La música de los Beatles, lo mismo que otros ritmos aparentemente inocuos e inofensivos escuchados diariamente por los muchachos americanos, forma parte de un plan sistemático que pretende convertir a toda una generación de jóvenes americanos en enfermos mentales, emotivamente inestables, con el propósito de hipnotizar a esa juventud y prepararla para la sumisión y el control por parte de los elementos subversivos».

El peso del rock and roll pronto se hizo notar en los Estados Unidos. En 1954 se habían recaudado 213 millones de dólares por las ventas de discos. En 1955 la cifra fue de 277 millones. Pero en 1956, con la aparición de Elvis, se alcanzaron los 377. Luego se pasó a los 460 en 1957, y los discos de oro (premio otorgado a los discos que llegaban al millón de copias vendidas) se doblaron con relación al año anterior. Ese incremento de ventas discográficas tuvo su correlación en la venta de tocadiscos y de instrumentos musicales.

Las figuras del rock and roll

Si Elvis fue el rey, los grandes creadores del rock and roll fueron Chuck Berry, Little Richard y Jerry Lee Lewis junto con Carl Perkins y Gene Vincent, además del más joven de todos ellos, Buddy Holly, que se convirtió en el primer héroe muerto de la historia del rock. Elvis era un gran intérprete, pero apenas si compuso unas pocas canciones. El resto de ellos eran autores, motores del cambio, y en este sentido su papel fue tanto o más relevante.

Chuck Berry está considerado el primer «poeta» del rock. Fue el que más y mejor supo captar la atmósfera que envolvía a los jóvenes y el cambio social marcado por los años cincuenta una vez superada la catarsis de la Segunda Guerra Mundial. Sus canciones son hoy un himno al rock and roll: «School days», «Roll over Beethoven», «Rock and roll music», «Sweet little sixteen», «Carol», «Johnny B. Goode», y muchas más han marcado a varias generaciones de músicos. En su contra jugó el hecho de no ser joven. A comienzos de los años cincuenta estaba casado, tenía dos hijos y había trabajado en una cadena de montaje de la General Motors, después se hizo peluquero y tuvo su propio negocio. Comenzó a tocar en St. Louis y acabó en Chicago, donde editó su primer disco en 1955 y fue uno de los habituales del *Rock and roll party* de Alan Freed.

Little Richard también era negro, excéntrico y loco, con su fino bigotito y sus ropas chillonas y estridentes. Nacido en Georgia, en el seno de una familia numerosa y muy religiosa, cantó en el coro de su iglesia, se empleó en un *medicine show* (carretas que iban de pueblo en pueblo con un charlatán que vendía medicinas «milagrosas» entre actuaciones) y acabó como empleado en una gasolinera hasta que en 1951 ganó un concurso de nuevos talentos. Tenía dieciséis años. Después de dar tumbos por varias editoras grabó en 1955 su primer éxito, «Tutti frutti». Su obscena letra tuvo que ser modificada en el mismo estudio de grabación. Aun así, la canción fue una bomba, y para la historia ha quedado su estribillo, que muchos dicen que es la perfecta definición del rock and roll (como he dicho en el prólogo): «A-wop-bop-a-loo-bop-a-lop-bam-boom». También Little dejó para la historia algunos de los hitos más notables del rock and roll: «Lucille», «Good golly, Miss Molly», «Long tall Sally», «Rip it up» o «Kansas City».

Jerry Lee Lewis quiso ser Elvis, pero se quedó en Jerry Lee Lewis, que ya fue mucho. Guapo, rubio, tremendo pianista, se apodó «The killer» (El asesino) por sus espectaculares actuaciones. También cantó en la iglesia y de niño aprendió a tocar el violín, la guitarra, el acordeón y, por supuesto, el piano, su instrumento. Debutó con catorce años y llegó a Sun Records cuando Sam Phillips acababa de vender el contrato de Elvis a la RCA. Su primer disco fue *Crazy arms* y pronto llegaron sus grandes éxitos: «Great balls of fire» y «Whole lotta shakin' goin' on». Blancos como Jerry Lee,

Little Richard

pero con leyenda de perdedores, quedan Carl Perkins y Gene Vincent. El primero compuso una de las grandes canciones del rock, «Blue suede shoes». El 21 de marzo de 1956 iba a presentarla en el *Ed Sullivan show* cuando tuvo un accidente de coche en el que murió su hermano y él quedó muy mal herido. Meses después Elvis grabó la canción y le robó el éxito. Gene Vincent por su parte compuso temas como «Be-bop-a-lula», pero su aspecto desgarbado y poco atractivo (tenía la pierna izquierda rígida a causa de un accidente) le condenó igualmente al fracaso. Por si fuera poco, tuvo otro accidente de coche y en él murió otra estrella rockera, Eddie Cochran.

Todos los caminos
conducen al rock and roll

De la avalancha de cantantes que surgió a raíz del fenómeno Elvis, pocos destacaron con luz propia. Uno de estos pocos fue Buddy Holly, americano clásico, blanco, aspecto juvenil con gafas. Ni él ni sus canciones tenían la fuerza de Berry o Richard, pero con su grupo, los Crickets, supo sacarle partido a su sencillez y naturalidad. Su música se basaba en el ritmo, con una sólida base instrumental y, lo más importante, se consolidaron como grupo, con dos guitarras, un bajo y una batería, prescindiendo del piano y el saxo. Fueron los pioneros, porque los grupos pop ingleses de los años sesenta copiaron su modelo. Buddy procedía de Texas y su proximidad con México dotó a su música de un tono que fue bautizado como tex-mex sound, es decir, un híbrido entre el country y el folk sureño y los ritmos del norte de México. Fue la gran esperanza blanca durante dos años, hasta su temprana muerte, como veremos en el siguiente capítulo.

Muchos cantantes de folk y country se pasaron al rock viendo el filón que prometía. Los Everly Brothers fueron uno de ellos. Hermanos, blancos, atractivos, hijos de cantantes de country, debutaron con ocho y seis años de edad respectivamente. Grabaron por

Buddy Holly

primera vez en 1956, pero fue en 1957 cuando lograron su primer éxito. En poco tiempo se consagraron con temas como «Bye bye love» o «Walk up little Susie». Hacían canciones blandas, abordando temas muy adolescentes, y las interpretaban con enorme romanticismo y sentimiento, pero les abrieron camino a otros muchos dúos, entre los que destacarían en los años sesenta los gigantescos Simon and Garfunkel. Después del rey Elvis, nadie vendió más discos que los Everly Brothers en su tiempo.

Mientras esto sucedía en los Estados Unidos, gracias al idioma Inglaterra empezó a abrirse al rock and roll. «Heartbreak hotel» marcó el camino y de la noche a la mañana Gran Bretaña abrazó el rock como nueva religión musical. La música que imperaba en aquellos años en las islas era el skiffle, y Lonnie Donegan su paladín. Los mismos Beatles hicieron skiffle en sus inicios. El skiffle arrancó en los años veinte en Chicago, como rama del jazz, pero a mediados de los cincuenta, en Inglaterra, era una combinación musical surgida del rhythm and blues y el country. En los Estados Unidos desapareció, pero en Gran Bretaña era la sensación. Además, podía interpretarse con apenas una guitarra tradicional y el bajo, y como complemento... una tabla de lavar de las que se usaban entonces, con la cara anterior formando estrías rugosas que producían un sonido peculiar al pasar un simple palo sobre las mismas.

El primer rockero inglés fue un chico llamado Tommy Steele, simpático, divertido y poco más. Acabó pasándose al cine. Elvis no tuvo rival hasta que apareció Cliff Richard algo después.

Rock vocal, rock instrumental

Cuando las grandes orquestas estaban en el candelero y representaban la moda imperante, los cantantes solo eran una parte de ellas, un instrumento más. Las estrellas eran los clarinetes, los trombones, las trompetas o los pianos. Más allá de las orquestas estaban las *jump bands* (bandas pequeñas, con músicos negros, que como decía su nombre, *jump*, saltar, lo que querían era que la gente brincara y bailara), sin siquiera una voz, con el saxo como solista principal. Finalmente, las voces de los cantantes se impusieron, y más con los nuevos caminos abiertos por el rock and roll, pero no por eso se enterró definitivamente la música instrumental. Hay que tener en cuenta que las editoras ganaban dinero vendiendo las partituras y las letras de las canciones impresas en papel (algo muy normal entonces) al público en general o a otros músicos que quisieran versionar esos temas. Si no había letras, ganaban menos.

El primer gran éxito instrumental de la Era del Rock fue «Honky tonk», de Bill Doggett, en 1956. Bill era pianista. La gente prefería guitarristas, y así apareció Duane Eddy, que desarrolló una técnica conocida como twang, por su sonido. No tardaron mucho en surgir infinidad de grupos instrumentales, con dos o tres guitarras al frente: los Ventures, los Tornados o los más famosos, los Shadows.

Al otro lado del espectro rockero, destacaron también los conjuntos vocales, en los que la instrumentación era mínima y basaban sus armonías en los juegos de voces. El propio Elvis tenía coros respaldándole. Los grupos vocales ya tenían una historia propia con infinidad de conjuntos formados por negros. No solo era su calidad, sino el hecho de que comprar instrumentos era caro, así que se convirtieron en expertos en actuar sin música. Sus voces hacían todos los acordes, desde los bajos hasta los agudos. Muchos de esos grupos actuaban en las calles. Se les llamó *street-corners* (porque solían ponerse en las esquinas). Al característico sonido que hacían las voces se le acabó llamando doo-woop. En la segunda mitad de los años cincuenta había infinidad de ellos. Su característica era la melodía y la suavidad. Los Platters fueron la gran formación vocal de este tiempo. Tras ellos, los Drifters, los Coasters, los Orioles, los Dominos, los Flamingos… Por desgracia, la marginación de la población negra era tan fuerte que estos grupos no tenían más remedio que actuar en clubs o locales para blancos, y ceñirse a sus gustos, perdiendo así su propia identidad. En muchos casos, cambiaban de miembros sin que nadie lo notara, o actuaban dos formaciones con el mismo nombre en dos lugares a la vez. Nadie se daba cuenta.

Capítulo 4
La guerra perdida del rock and roll

La fábrica de sueños

Antes de que el rock fuera abatido por los francotiradores de la «mayoría moral» y los defensores de «las buenas formas», la industria del entretenimiento siguió apostando por el nuevo fenómeno que tantos discos vendía y enloquecía a los jóvenes, haciendo bueno el viejo lema de «si no puedes derrotarlo, únete a ello». La caza de brujas contra las estrellas del rock, jóvenes, ricos, osados, fue un acto de «limpieza» orquestado por poderes fácticos como la ASCAP o los que veían en la música un peligro. Seguía costando digerir que un artista negro como Chuck Berry, con canciones llenas de referencias sexuales o rebeldes, «contaminara» a la buena y limpia juventud blanca.

Hollywood entró de lleno en el negocio. Si ya los musicales estaban a la orden del día y eran un género muy apreciado por todos los públicos, los musicales con «ambiente rockero» pronto arrasaron entre los más jóvenes. Pero claro, eran musicales absolutamente blancos, con estrellas de nuevo cuño, cantantes rubios de ojos azules y princesas de Disney trasvasadas a su nuevo papel de chicas encantadoras que soñaban con el amor, una casita preciosa, una cocina maravillosa e hijos tan guapos como ellos. Las *screen stars* pronto fueron multitud. Y lo más curioso es que muchas eran de procedencia italiana, como Frank Sinatra. Frankie Avalon se llamaba en realidad Francis Avallone, Bobby Darin era Waldo Cassotto, Fabian era Fabiano Forte Bonaparte, Ritchie Valens era Ricardo Valenzuela, James Darren era James Ercolani, Freddy Cannon era Frederick Picariello, Bobby Rydell era Robert Louis Ridarelli, Connie Stevens era Concetta Ann Inggia, y Connie Francis, la más famosa, se llamaban en realidad Concetta Franconero. Frente a ellos los más «americanos» fueron Ricky Nelson, Brenda Lee o Pat Boone. Este último, por cierto, supercristiano y evangélico, jamás besó a una de sus *partenaires* cinematográficas por rectitud moral. Dos de los pocos artistas que superaron la moda de su tiempo fueron Bobby Darin y Paul Anka, que debutó en el nº 1 con dieciséis años y su hit «Diana».

La fábrica de sueños no solo se limitaba a Hollywood con sus películas ensoñadoras. El principal centro musical pronto se trasladó a Filadelfia, donde se hacía el programa más popular dedicado a los jóvenes, el *American Bandstand*, dirigido por Dick Clark. El *show* dedicaba hora y media diaria a presentar cantantes y canciones en emisión local, y una hora a la semana de costa a costa. La puritana Filadelfia se convirtió en un hervidero. Todo el que quisiera destacar tenía que ir allí.

Las estrellas de cine cantaban, bailaban, actuaban, hacían películas sin parar, todas con el mismo argumento y en tecnicolor. Puro *American way of life*. Llegaban al nº 1 de las listas con sus canciones fácilmente. Frente a ellas, el rock and roll puro lo tenía difícil. Gene Vincent se negaba a dar entrevistas y prohibió a su discográfica que «vendiera» su herida en la pierna como «accidente de guerra», a Chuck Berry o Little Richard ni se las proponían, porque daban miedo, Jerry Lee Lewis tenía fama de loco. Ellos no salían en las películas.

En 1959, después de cuatro años gloriosos, el rock and roll se enfrentó a la destrucción.

La caza de brujas

De la noche a la mañana y en muy pocos meses, todos los grandes del rock and roll desaparecieron por distintos motivos, algunos legales y otros más bien basados en las cazas de brujas a las que tan habitualmente se han lanzado los estadounidenses a lo largo de su historia, bajo el rasero de una cuestionable doble moral. Cuando se buscaron comunistas debajo de las piedras en Hollywood fue algo delirante. La persecución del rock no fue tan brutal, pero tampoco casual.

Primero fue Elvis Presley, el Rey. Para contrarrestar los últimos ataques al rock and roll y demostrar lo buen americano que era, a instancias de su mánager, un tipo muy listo llamado Tom Parker, aceptó hacer el Servicio Militar. Pudo habérselo ahorrado, pero cumplió «como buen americano». Antes de irse a Alemania como un soldado más, Elvis grabó un montón de canciones e hizo una última película para mantener viva su llama. Luego se cortó el pelo y se marchó dos años, dejando huérfanas a sus fans. Cuando regresó ya nada era igual. No tuvo nada de extraño que su canción más vendida no fuera precisamente rock, sino una balada italiana, «'O sole mio», reconvertida al inglés como «It's now or never».

A la marcha de Elvis siguió la muerte de Buddy Holly en un accidente de aviación, el 3 de febrero de 1959. Los «paquetes» artísticos de la época se movían en autocares en los que viajaban los grupos, todos juntos. Iban de ciudad en ciudad, en giras agotadoras. Viajaban de noche, sin dormir bien, llegaban a una ciudad, actuaban, y a por la siguiente. Aquel día el tiempo era infernal, nevaba, hacía frío, y Buddy estaba resfriado. Alquilaron una avioneta en Mason City para desplazarse 700 kilómetros hasta Moorhead. Como cabían más personas, se apuntaron al viaje Ritchie Valens, de moda gracias a «La bamba», y otro cantante llamado el Big Bopper. Según la leyenda, Bopper y Waylon Jennings, otra de las estrellas, se jugaron la plaza a cara o cruz. La avioneta se estrelló en un campo de maíz en Clear Lake, Iowa.

Jerry Lee Lewis fue enjuiciado de una forma cruel. En los estados sureños era normal casarse joven, así que él ya había contraído nupcias... ¡a los quince años! A los dieciocho, divorciado, se enamoró de una prima tercera, Myra, que tenía catorce años. Cuando en una gira por Inglaterra se supo que aquella niña (menor de edad) era su esposa, la prensa sensacionalista se le echó encima, y al conocerse la consanguinidad, lo hundieron. Poco importó de dónde venía y sus costumbres. Era contra natura. Sus discos se prohibieron en la

Jerry Lee Lewis

radio y dejó de actuar en pleno éxito. Desapareció durante años y cuando pudo regresar ya nada era lo mismo, aunque mantuvo su leyenda década tras década.

A Chuck Berry, el más «peligroso» por ser negro y por sus canciones, le «cazaron» de una manera hábil y por ingenuo. Chuck montó un club en St. Louis, el Club Bandstand, y en un viaje a Juárez, en México, conoció a una chica a la que contrató. Cuando la despidió, ella se vengó denunciándole. Alegó que era menor de edad y que había sido incitada a la prostitución. Además, aunque india, nacida en Nuevo México, era blanca, y eso, para los racistas, era el peor de los pecados. Durante los dos años que duró el juicio los discos de Chuck dejaron de venderse y su fama cayó en picado. Finalmente fue condenado, hubo un segundo juicio, volvió a perderlo, y en 1962 ingresó en el penal de Terre Haute, Indiana, donde permaneció tres años. Cuando salió, los Beatles dominaban el mundo y, aunque cantaban muchas de las canciones de Chuck, reivindicándole, su momento también había pasado.

Little Richard se autodestruyó solo. Pese a su imagen alocada era muy religioso. A finales de 1957, en un viaje en avión, tuvo problemas y le prometió a Dios que, si se salvaba, dejaría su vida «de pecado y lujuria». Se salvó, pero no cumplió su promesa. Poco después la coyuntura se repitió, y, esta vez sí, Little Richard dejó la música para ingresar en el Oakwood College, un colegio religioso adventista, y grabar únicamente canciones espirituales. Cuando se cansó de ser un santo y quiso regresar, ya se le había olvidado el rock and roll, al menos temporalmente.

El escándalo Payola

No solo desaparecieron del mapa las estrellas del rock and roll, sino que la propia industria del disco y las editoras recuperaron su guerra, en este caso económica, por el control de la música americana. La incipiente BMI le estaba ganando el terreno a la todopoderosa ASCAP. ¿Cómo era posible que en poco menos de tres años el rock

Chuck Berry

and roll se hubiera adueñado del mercado? La respuesta que hallaron como argumento fue simple: sobornos. Si el rock se radiaba tanto no era porque gustase a la gente, sino porque se pagaba a los *disc jockeys* para que lo radiasen. Así fue como estalló el llamado «escándalo Payola» (*payola* equivale a soborno).

Las grandes compañías, las *majors*, y sus editoras discográficas, veían en las pequeñas compañías una competencia desleal. Era la lucha del poder establecido contra la agresividad de lo joven y nuevo. No entendían que el mundo había cambiado y ya no volvería atrás, aunque lograran detenerlo unos años.

La ASCAP denunció a cientos de *disc jockeys*, emisoras de radio y cadenas de televisión acusándolos de recibir dinero a cambio de radiar esos discos o programar a los cantantes. De la noche a la mañana las denuncias llegaron a todos los rincones de los Estados Unidos. Podía ser cierto en algunos casos (las compañías siempre han tratado a cuerpo de rey a los críticos musicales), pero no en todos. En 1959 un subcomité del Senado investigaba los apaños en los concursos de televisión (hubo un caso flagrante, llevado al cine, en el que se potenció a un concursante blanco y de buena familia para que no ganara un judío de escaso atractivo), y la ASCAP lo aprovechó para «hacer limpieza» también en el mundo de la música. La sacudida fue brutal, *disc jockeys* despedidos y miedo. A finales de 1959 se creó un subcomité para investigar el Payola y decenas de DJ fueron declarados culpables. El 8 de febrero de 1960 llegaron las primeras sentencias.

Hubo dos grandes víctimas del escándalo Payola: Alan Freed, el inventor del rock and roll, y el popular presentador televisivo Dick Clark, en la cima con su *Dick Clark show*, después del éxito de su *American Bandstand*. Si se había ido a por los dos máximos responsables y se les había utilizado como cabezas de turco, los demás sabían que el suelo se hundiría bajo sus pies. La película de terror alcanzó cotas impensables. Dick Clark contó con un abogado de enorme prestigio que presentó un caso impecable. Clark admitió haber recibido regalos, pero demostró que los discos que programaba o los artistas que presentaba eran los más populares y los que el público pedía en cada momento. La poderosa ABC TV en la que trabajaba le respaldó y él vendió todas las acciones de las discográficas que tenía. Su gesto de «buena voluntad», su carisma, los miles de fans que le adoraban y la defensa de su abogado le libraron de males mayores, aunque el golpe de efecto ya estaba dado.

Peor le fue a Alan Freed. Alguien tenía que ser condenado. Si no lo era Clark…, tenía que ser él. Sin un abogado tan bueno, con menos atractivo y sin el respaldo de la pequeña pantalla o de los fans, Freed se enfrentó solo a la ley y perdió. Después de meses y meses de persecución implacable fue sentenciado en 1962. Apeló y de nuevo fue sentenciado en 1964, cuando ya el rock and roll era historia y los Beatles dominaban el mundo del pop. Pero de 1959 a 1964 lo que le pasó al inventor del rock and roll fue atroz. Tras ser declarado culpable de recibir sobornos, fue acusado de evasión de impuestos en 1964. Desprestigiado, sin trabajo, hundido, murió el 20 de enero de 1965, a los cuarenta y tres años, sin dejar de declarar una y otra vez que era inocente, que todo se debía a un complot.

Twist, California sound
y otras historias

Los escándalos mataron el rock and roll, pero no detuvieron el espíritu de la música. Aunque con menos fuerza y agresividad, los jóvenes de finales de los cincuenta y comienzos de los sesenta seguían queriendo pasárselo bien. La amenaza de la guerra fría continuaba. En 1959 una revolución en Cuba había puesto a Fidel Castro en el poder, un delfín de la Unión Soviética. Los americanos vieron el peligro en el patio trasero de su casa. John Kennedy fue elegido presidente en 1960, y en 1961 los soviéticos mandaron a un hombre al espacio. La crisis de los misiles de 1962 colocó al mundo al borde de una guerra atómica. El miedo persistía, así que lo mejor era pasárselo bien.

El twist (retorcido) fue el primero de los grandes bailes que se pusieron de moda tras el boom del rock and roll. Lo creó un músico llamado Hank Ballard en 1959 sin que pasara nada. De hecho era la cara B de un single. Pero en 1960 otro cantante, Chubby Checker, hizo una versión y la popularizó en el *American Bandstand*. Todo el mundo se puso a bailar el twist y se grabaron cientos de canciones con la palabra en el título y el ritmo en la música. Como ya las modas empezaban a ser efímeras, devoradas una tras otra por el cambio y la novedad, al twist le siguieron otros bailes, aunque cada vez menos importantes, como el madison. La música había dejado de ser subversiva: se bailaba. La palabra *party* (guateque en España) definía lo que todos querían: pasárselo bien.

En este tiempo California se convirtió en uno de los centros de cambio incipiente. Las soleadas playas californianas eran el marco elegido para muchas de las películas rodadas en Hollywood. Allí, junto con el nacimiento de otra moda, la del surf, apareció el primer gran grupo americano de su tiempo: los Beach Boys. Debutaron en 1961 e iniciaron una carrera de varias décadas, aunque su auge tuvo lugar en los sesenta, primero como grupo eminentemente comercial y, después, gracias al prodigio de sus voces, con algunas de las más grandes obras de la década, como su LP *Pet sounds*, considerado uno de los grandes discos de la historia. El líder de los Beach Boys era Brian Wilson. No tuvo una vida fácil. Como muchos genios, pagó su precio: en la segunda mitad de los años sesenta pasó tres años en cama sin querer levantarse ni salir de casa.

La moda surf trajo consigo un nuevo alud de grupos volcados en ella y arrasó en el cine como nuevo filón. Pocos artistas o grupos emergieron al margen de estas tendencias. Uno de ellos fue el Four Seasons, con su cantante Frankie Valli al frente. Cuando los Beatles arrasaron América, se les escogió como rivales suyos durante un tiempo muy breve.

Las chicas también tomaron el poder y dejaron de ser simples coristas. Entre 1962 y 1963 los grupos femeninos abundaron como las galaxias del universo: las Ronettes, las Crystals, las Shirelles, las Marvelettes, las Chiffons, las Shangri-Las y un largo etcétera. Apareció un productor (figura todavía poco importante en las graba-

Los Beach Boys

ciones) llamado Phil Spector que desarrolló nuevas técnicas en los estudios de grabación y creó el «muro de sonido», una forma de envolver instrumentalmente las canciones dotándolas de una personalidad propia y única. Artistas como Ike and Tina Turner («River deep mountain high») o los Righteous Brothers («You've lost that lovin' feelin'») se beneficiaron de sus avances. Fue el primer productor estrella del rock.

Aún era la época de los grandes compositores. Jerry Leiber y Mike Stoller hicieron grandes éxitos para Elvis («Hound dog», «Jailhouse rock» o «King Creole»), pero el núcleo fuerte de los «equipos» de creadores estaba en el llamado Brill Building, heredero del Tin Pan Alley de los años treinta o cuarenta. El Brill Building era un edificio ubicado en el 1.619 de Broadway, en Nueva York, donde trabajaban todos ellos, parejas formadas siempre por un músico y un letrista. Las más famosas fueron Carole King y Gerry Goffin, Barry Mann y Cynthia Weil, Neil Sedaka y Howard Greenfield, Doc Pomus y Mort Shuman, y Jeff Barry y Ellie Greenwich. Todos ellos fueron responsables de la mayoría de éxitos entre 1958 y la mitad de los años sesenta en los Estados Unidos. Muy pronto, los nuevos artistas y grupos desarrollarían su propio material y dejarían de depender de la creatividad ajena.

Mientras tanto, en Inglaterra...

Entre 1959 y 1965 Cliff Richard fue el solista más importante de Gran Bretaña. Ocho números 1 y dos docenas de canciones en el top 10 avalaron su importancia. Solo o acompañado por los Shadows, su grupo, también relevante por sí mismo con su espléndido sonido de guitarras, Cliff marcó la etapa desde la eclosión de Elvis hasta la aparición de los Beatles. Había nacido en la India, de donde llegó a los ocho años, y arrasó en el programa de televisión *Oh boy!* desde su debut el 15 de septiembre de 1958. Hizo películas y sobrevivió a todos los cambios estandarizándose a lo largo de las siguientes décadas. Los Shadows por su parte fueron los pioneros de

Cliff Richard

los grupos instrumentales. Les siguieron los Ventures, los Tornados y los suecos Spotnicks.

Inglaterra pronto se vio sacudida por la fiebre del rock, y, al contrario que en los Estados Unidos, no hubo guerra ni fue declarado «peligroso». La emisora estatal, la BBC, dominaba las ondas con su conservadurismo, pero los programas de televisión no tuvieron más remedio que hacerse eco de lo que estaba pasando y aparecieron shows como Teleclub, Cool for cats, 6.5 Special, Oh boy!, Juke Box Jury, Boy Meets, Wham! y Tin Pan Alley Show. Todos ellos despertaron a una generación que desde la aparición de los Beatles ya nunca sería igual a las anteriores. Con ellos en el panorama, otros programas clave fueron Thank you lucky stars, Ready steady go! y el famoso Top of the Pops. No había transgresión en su formato, el pop fue inocuo hasta finales de los años sesenta, pero la fiebre rockera británica empezó a generar cada vez más artistas. Muy pronto dominarían el mundo. Además, por debajo de lo comercial emergía ya con poderosa fuerza una corriente mucho más intensa: el rhythm and blues británico que tendría en los Rolling Stones a sus líderes.

La generación beat

Jack Kerouac publicó en 1957 una novela que marcaría a toda la generación de su tiempo: En el camino. Había una América típica, defensora del sueño americano, y una América oscura, heredera de la Gran Depresión, el latente racismo o la doble moral. Con esta novela, adalid de la generación beat, se sentaron las bases de lo que iban a ser los años sesenta y su rebeldía. Le siguieron Los vagabundos del Dharma, Desolation angels y Los subterráneos. En ellas se hablaba de la búsqueda de la identidad, los paraísos perdidos, la música, las drogas, el compromiso, el idealismo, la intelectualización y la llama de la libertad que poetas visionarios como Ginsberg y Ferlinghetti acabarían de dotar de vida propia. Al iniciarse la década de los sesenta, cientos de jóvenes se lanzaron a la carretera, como los protagonistas de En el camino. Unos acabaron en el Greenwich Village neoyorquino, otros en Los Ángeles o San Francisco. De costa a costa. Pronto llegaría la guerra de Vietnam y todos los viejos modelos saltarían por los aires.

Todo ello sin olvidar que la gran película juvenil de aquellos años fue *West side story*, Romeo y Julieta trasvasado a las bandas callejeras de Nueva York, con música de Leonard Bernstein. Ganó diez Óscar y el disco con la banda sonora fue n° 1 durante 54 semanas entre 1962 y 1963, vendiendo 5 millones de copias.

Capítulo 5
Los Beatles

Liverpool

La Segunda Guerra Mundial acabó en 1945. Cuando se restableció el tráfico marítimo entre los Estados Unidos e Inglaterra, el primer puerto inglés al que llegaban los barcos americanos fue Liverpool. Centenares de marineros bajaban cargados de discos que vendían a los jóvenes que los esperaban en los muelles (John Lennon fue uno de ellos). No eran los clásicos éxitos comerciales, sino discos de blues, rhythm and blues y rock and roll nada convencionales. Así, Liverpool se convirtió en un foco que creció imparable y en silencio, apartado del centro londinense. A finales de los años cincuenta se disparó la fiebre musical en la ciudad y a comienzos de los sesenta llegaron a contabilizarse 350 grupos. Una barbaridad. Aparecieron clubs como el Cavern y nació el Mersey sound (Mersey es el río de Liverpool). El grupo más importante surgido de esa corriente musical fueron los Beatles.

John and Paul

John Lennon había nacido en 1940, mientras la ciudad era bombardeada por los alemanes. Su padre lo abandonó a los cinco años, su madre lo dejó a cargo de su hermana, la tía Mimi, y se casó con otro hombre (a los quince años, John la vio morir atropellada por un coche). Creció solo, rebelde, diferente, y formó su primer grupo en la escuela, los Quarrymen, para tocar skiffle, la moda del momento. Paul McCartney en cambio escuchó música desde la niñez, porque su padre era el líder de la Jim Mac's Jazz Band. Los

Los Beatles

caminos de ambos se cruzaron un día, el 6 de julio de 1957. Los Quarrymen habían tocado en una fiesta de la parroquia de Woolton, un barrio de Liverpool. Paul se acercó, le enseñó unos acordes, John quedó impresionado y lo metió en la banda. En pocos meses ya habían compuesto más de 200 canciones juntos.

El tercer elemento clave fue George Harrison. Era el mejor guitarra de todos ellos, pero un niño. John era reacio a admitirlo, pero la perseverancia de Paul y la habilidad de George le convencieron. Durante mucho tiempo actuaron como pudieron, adoptaron infinidad de nombres (Johnny and the moondogs, Long John and the silver Beatles, etc.). Completaron finalmente el conjunto un amigo de John, Stu Sutcliffe, estudiante de Arte como él, y el batería Pete Best. El grupo aprendió a tocar actuando en vivo, esforzándose mientras crecían sus genios creativos. Después de triunfar en Liverpool, acabaron en Hamburgo, Alemania, en clubs llenos de marineros, prostitutas y problemas. Dormían en la trastienda de un cine. Fueron expulsados por ser George menor de edad, y regresaron cuando cumplió los dieciocho años. Era 1961. Allí, un cantante americano (Alemania estaba llena de americanos y bases después de la guerra) iba a grabar un disco, necesitaba un grupo de acompañamiento, y les ofrecieron el trabajo a ellos. Así fue como entraron en un estudio de grabación.

Meses después, al vendedor de una tienda de discos de Liverpool llamado Brian Epstein le pidieron ese disco. No lo tenía. Se enteró de que el grupo actuaba en un local de la ciudad llamado el Cavern y fue a verlos. Ese día la historia dio otro giro de tuerca.

5 de octubre de 1962

Brian Epstein se convirtió en el mánager de los Beatles. Los pulió, los vistió, les quitó ligeramente su parte más gamberra y empezó a buscarles un contrato discográfico. En ese momento ya eran solo cuatro, porque Stu se había quedado en Alemania con su novia, Astrid Kirchherr, la que peinó a los Beatles con sus (entonces) melenas. Por desgracia Stu murió poco después. Tras una de las muchas peleas en las que se metieron, le quedó un coágulo en el cerebro.

Brian Epstein luchó contra la incomprensión de su tiempo. Nadie quería a los Beatles. Nadie veía en ellos lo que luego fueron. El 1 de enero de 1962 grabaron 15 canciones en los estudios de la compañía discográfica Decca Records, en Londres. Dos cerebros de la compañía prefirieron a un grupo llamado los Tremeloes antes que a ellos y pasaron a la historia como los más «visionarios» por haber perdido para su empresa los millones que generaron. Frustrados, siguieron porfiando, actuando sin cesar, componiendo canciones, regresando a Hamburgo. Allí recibieron un telegrama: la EMI estaba interesada. El 6 de junio grabaron en Londres una maqueta con cuatro canciones a las órdenes del que sería su productor eterno, George Martin. Con la maqueta hecha, Martin les dijo que el batería no era el adecuado. Así fue como se reemplazó a Pete Best por Ringo Starr, batería de Rory Storm and the Hurricanes, al que John, Paul y George conocían ya. El 4 de septiembre grabaron su primer disco oficial, *Love me do*, que quedó terminado el día 11. En menos de un mes, el 5 de octubre de 1962, se ponía a la venta y ese fue el primer día de lo que pasó después.

El fenómeno Beatle

La historia de los Beatles, primero hasta su separación el 10 de abril de 1970, y después en su constante perpetuidad y mantenimiento hasta hoy y el futuro, no tiene parangón. Fue un continuo asombro. Lo cambiaron todo. Entre el 5 de octubre de 1962 y ese 10 de abril de 1970, transcurrieron 388 semanas, de las cuales, en Inglaterra, los Beatles fueron n° 1 en singles durante 81, y 164 en LP. Su primer álbum pasó 61 semanas en las listas, 29 de ellas en la cima. Muchas veces, un disco perdía el primer puesto porque otro disco suyo lo reemplazaba. Nadie había hecho nunca tanto. *Love me do* no fue un éxito, pero el siguiente, *Please please me*, editado en febrero de 1963, llegó ya al n° 1. A lo largo de ese año la beatlemanía fue un fenómeno rotundo. Todo lo que componían Lennon y McCartney parecía tocado por la varita mágica del éxito. Cuando el 7 de febrero de 1964 viajaron a los Estados Unidos, la conmoción fue ya planetaria. Ese día fue bautizado con su nombre. Miles de fans los recibieron en el aeropuerto y en las calles de Nueva York con pancartas en las que podía leerse incluso «Elvis ha muerto». Su aparición en el *Ed Sullivan show* batió el récord del Rey del rock and roll: 73 millones de personas. A los pocos días, los cinco primeros puestos del *ranking* USA estaban ocupados por cinco canciones suyas. El asombro crecía imparable. En la actualidad, un artista edita un CD (antes un LP) o álbum cada dos, tres o cuatro años. En los sesenta los grupos lanzaban dos LP al año, más cuatro singles con temas no incluidos en ellos. Una barbaridad. Y aún hoy, de las poco más de 200 canciones que compusieron en tan pocos años, ninguna ha sido olvidada. Jamás hubo un tema de relleno. Por si fuera poco, versionaron a los grandes del rock and roll y los reivindicaron, caso de Chuck Berry.

Entre otras muchas, los Beatles popularizaron dos expresiones, el yeyeísmo y lo que entonces se llamó música beat. La primera surge de su canción «She loves you», cuyo estribillo repetía *yeah, yeah, yeah*. En países como España, a los jóvenes se les llamó yeyés. *Beat* en cambio no es por los Beatles, sino por su significado en inglés, que equivale a pulsación, latido, golpe o toque de tambor. La música beat proviene del compás marcado por la batería en los temas de esos años, con el ritmo como base.

Hasta 1966, fecha en la que dejaron de actuar en directo porque no podían ofrecer en vivo lo mismo que conseguían en el estudio de grabación, los Beatles hicieron dos películas, *A hard day's night* y *Help!*, fueron designados miembros de la Orden del Imperio Británico por su contribución económica a las arcas británicas y revolucionaron la historia. Más adelante volveremos a encontrarlos para hablar de su segunda etapa.

El fenómeno Beatle supuso que la música pop inglesa barriera el mundo y arrasara en los Estados Unidos. Un n° 1 en Inglaterra vendía 100.000 unidades. En América era un millón. Los primeros beneficiados fueron los grupos del festival Liverpool Sound City, Gerry and the Pacemakers, Billy J. Kramer and the Dakotas, los Searchers o Cilla Black. Luego, a los Beatles les siguieron una docena de bandas británicas que en los Estados Unidos se comieron su trozo de pastel. Pero antes de hablar de ellas hay que hacerlo de otras cosas.

El universo pop

El pop, apócope de la palabra «popular», fue la consumación del arte a nivel de masas. Arte en todas sus manifestaciones, tanto musicales como cinematográficas, pictóricas, estéticas, moda, gustos, literatura... Así, el llamado Pop Art se convirtió en objeto de consumo masivo. Las últimas barreras elitistas se rompieron. Históricamente también el pop como expresión artística se dice que nació entre 1954 y 1955, como el rock. El término Popular Art aparece en 1955 con Leslie Fiedler y Reyner Banham, que lo utilizaron para definir el conjunto de fenómenos que envolvían al cine, la televisión, los cómics, la música o la publicidad. De ahí, en una rápida espiral, se pasó al «todo vale» y a convertir lo vulgar en arte. Ya no había cosas buenas o malas, sino lo que a uno le gustaba o no. La sociedad se masificó con una cultura que por primera vez era global. Una misma canción de los Beatles podía oírse al mismo tiempo en los cinco continentes. Andy Warhol fotocopiaba una imagen de Marilyn Monroe o Elvis Presley, a Mao o a una lata de sopa, las coloreaba de distintas formas y lo convertía en un cuadro. El Pop Art fue la recreación de lo cotidiano convertido en modelo natural. Por supuesto la cultura de masas no era selectiva. En su base latía la sociedad de consumo. De esta forma los años sesenta se convirtieron en el altavoz de todo ello.

Capítulo 6
Los Rolling Stones

Rhythm and blues en Inglaterra

El éxito de los Beatles, primero en su país y después en los Estados Unidos y el resto del mundo, colocó la música pop en lo más alto. Pero ningún estilo es siempre hegemónico sin que, por debajo o en paralelo, otros emerjan con fuerza. Este fue el caso del rhythm and blues británico, primero más oscuro y ecléctico, minoritario, pero, finalmente y gracias a figuras como los Rolling Stones, plenamente comercial e integrado de lleno en el rock, que lo unificó todo por la base. El pop concluyó su primera etapa en 1966, justo el año en que el rhythm and blues despega con bandas como Cream. Fue, pues, una madurez más trabajada y pausada, por eso dio mejores músicos y artistas, y más duraderos, que el pop.

Los orígenes del rhythm and blues británico los hallamos en dos frentes. Por un lado un músico de jazz llamado Chris Barber, que en 1954 introdujo un cantante en su banda, Lonnie Donegan, y dejó el jazz para decantarse por el blues. Donegan se dedicó luego a cantar en solitario y Barber introdujo a los grandes del blues americano en Inglaterra, como Muddy Waters, John Lee Hooker o Big Bill Broonzy. La presencia de Waters en Londres fue decisiva. Él y Bo Diddley fueron las máximas influencias del género, y los dos abrieron el camino a grupos como los Stones. Cuando Waters tocó en Inglaterra con instrumentos amplificados, alterando las pautas que los puristas consideraban inalterables, se produjo un enorme revuelo. Hubo una auténtica guerra. Pero siempre el progreso acaba triunfando, y lo que sucedió fue que los nuevos músicos abrazaron el cambio fascinados por lo que de él podían sacar.

El segundo frente lo abrieron dos músicos de esta nueva gene-

Los Rolling Stones

ración, Alexis Korner y Cyril Davies. Tocaban en clubs minoritarios del West End londinense, pero pronto se hicieron populares. Barber los invitó a tocar con él en los Estados Unidos y tras ello los dos crearon su propia banda, Blues Incorporated, clave en la historia del rhythm and blues inglés. Fueron considerados demasiado vanguardistas y traidores por transgredir los valores «eternos» del blues y no pudieron actuar en ningún club de prestigio, así que abrieron el suyo propio, el Ealing Broadway, inaugurado en marzo de 1962. Por el Ealing pasaron todos los grandes nombres que en los años siguientes iluminaron la música británica, todos ellos líderes futuros de bandas esenciales (como Manfred Mann, Jack Bruce, John McLaughlin, Paul Jones o Graham Bond). Algunos de ellos formaron los Rolling Stones. El auge del Ealing hizo que florecieran otros clubs, como el Flamingo o el histórico Marquee.

La corriente del rhythm and blues inglés no solo se quedó en Londres. De Newcastle llegarían los Animals, con el mejor cantante de los sesenta, Eric Burdon, y de Manchester el llamado padre blanco del blues, John Mayall, por cuya banda, los Bluesbreakers, pasarían más de 50 músicos en los años siguientes (uno de ellos, Eric Clapton).

Jagger, Richards y Cía

Mick Jagger trabajaba de profesor de Educación Física a los dieciocho años. Keith Richards había sido expulsado de la Dartford Technical School. Brian Jones trabajaba en el departamento de material eléctrico en una tienda. Bill Wyman era exmiembro de la Fuerza Aérea e hijo de un albañil, mientras que Charlie Watts lo era de un camionero. Poco pedigrí. Mucha energía. Los cinco se conocieron en 1962 y en 1963 formaron los Rolling Stones, nombre tomado de una canción de Muddy Waters. Fascinaron rápido al público y, a la hora de buscarles una discográfica, alguien dijo: «No están mal, pero habrá que cambiar al cantante porque la BBC no le dejará pasar». Si los Beatles fueron «la norma» pese a sus pelos

largos, los Stones fueron el reto, la provo-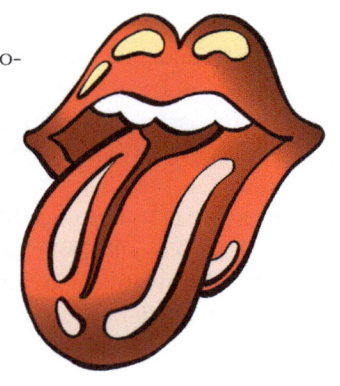
cación y la furia. La siempre publicita-
da guerra entre los Beatles y los Stones
nunca existió. Los Beatles sabían que
no podían reinar solos, que era mejor
tener competencia. Las «sociedades»
siempre han funcionado mejor, como
en el fútbol (Barcelona-Madrid, Boca-
River, Inter-Milan). Así que, primero, George Harrison llamó a la Decca
para apoyarles cuando el grupo hizo una
prueba grabando una maqueta. La misma compañía que les había
rechazado a ellos. Segundo, tras un primer single fallido, Lennon y
McCartney les dieron una canción, «I wanna be your man», para
su siguiente disco. Y tercero, una vez convertidos en figuras, se re-
partieron el mercado y el mundo. Nunca sacaron un disco a la vez,
nunca compitieron, lo hicieron todo escalonadamente y de mutuo
acuerdo.

La aparición de los Stones y su leyenda de rebeldes labrada en
pocos meses les convirtió en los enemigos públicos número uno. La
frase «¿Dejarías a tu hija casarse con un Rolling Stone?» se hizo famosa. De pronto, los Beatles eran los «limpios» y ellos los «sucios».
Cuando eran detenidos por orinar en público, se les tildaba de gam-
berros y nadie prestaba atención al hecho de que en ese lugar no
les hubieran querido dar la llave de los lavabos. Fueron multados
con tres libras y quince guineas por cabeza. La respuesta de Mick
fue que «Iba a apelar al Supremo». Esto, en 1965 y en la puritana
Inglaterra, tan tradicional y de pronto espectadora atónita de todo lo
que sucedía con la nueva música. Otra frase famosa fue «¡Cuidado,
vienen los Stones!», copia maliciosa de la que se empleó en Nueva
York en positivo cuando los Beatles llegaron allí en febrero de 1964.
La prensa llegó a definir al grupo con expresiones despectivas como
«long hair macarras rock style» (peludos con estilo macarra). Hoy
puede parecer infantil, sobre todo por los desmanes de las bandas
en los años setenta, pero entonces era una conmoción.

Naturalmente todo esto les pasó factura, a pesar de tantas canciones inolvidables y de lo que también generaron para las arcas británicas. En 1967 acabaron en la cárcel (había que «escarmentar» al rock y ellos eran el espejo de millones de jóvenes) y Brian Jones murió en 1969. Pero de esto hablaremos al llegar a ese año clave en la historia. Todo lo que hicieron les colocó en el lado salvaje de la música. Pero ellos, ante todo y como los Beatles, eran muy buenos, y tenían un tándem creador de primera, la pareja Jagger-Richards. Los Beatles debutaron discográficamente en 1962 y triunfaron en 1963, los Stones debutaron en 1964 y en 1965 aportaron ese mítico «Satisfaction» a la historia.

Entre el pop y el rhythm and blues

A la oleada de grupos de música pop siguió una igual de grupos derivados del rhythm and blues. Los dos caminos terminaron encontrándose. Los Beatles fueron la influencia inicial de los Hollies, Herman's Hermits, los Searchers, Manfred Mann, los Dave Clark Five e incluso los Who o los Kinks. Por su parte, los Stones marcaron el pistoletazo de salida de los Animals, los Yardbirds, los Spencer Davis Group, Brian Auger y otros.

Eric Burdon fue considerado el cantante blanco más importante de los años sesenta. Lideraba a los Animals. Su segundo single, «The house of the rising sun», fue otro de los referentes de la década. Ellos y los Dave Clark Five fueron los primeros en colarse en los Estados Unidos detrás de los Beatles. Además, si los Beatles recuperaron a Chuck Berry y Little Richard, y los Stones a Muddy Waters o Willie Dixon, los Animals hicieron lo propio con John Lee Hooker y Sam Cooke, entre otros.

Los Yardbirds nunca tuvieron éxitos millonarios, pero por sus filas pasaron los tres guitarras blancos más influyentes: Eric Clapton, Jimmy Page y Jeff Beck. Clapton crearía Cream en 1966, y Page, Led Zeppelin en 1968. De otro grupo puntero, Spencer Davis Group, emergería el genio de Steve Winwood con solo catorce

Eric Clapton

años cuando debutó en la banda como cantante y teclista. Dejaron joyas como «Gimme some lovin'» o «I'm a man». Hubo otros grupos menores pero en cuyas filas se gestaron las estrellas de poco después. De la Graham Bond Organisation salió John McLaughlin; de David Jones and the King Bees el futuro David Bowie; de los Paramounts surgió Gary Brooker, el líder de Procol Harum; de los Steampacket de Long John Baldry saldrían Rod Stewart, Brian Auger y Julie Driscoll; los Wilde Flowers fueron la antesala de Soft Machine. Sin embargo, ninguno como John Mayall. Grabó su primer disco en 1964 y por sus Bluesbreakers pasaron sucesivamente y en menos de una década 50 músicos que después nutrieron el potencial de otras bandas. Jamás tuvo un n° 1 en ventas, pero su influencia fue decisiva. Todos querían tocar con él. Baste con citar a Eric Clapton, Mick Taylor, Peter Green, Roger Dean o Harvey Mandel. Su herencia se manifiesta en grupos como Cream, Blind Faith, Fleetwood Mac, Family, Free, Colosseum...

Capítulo 7
Folk

Joe Hill

El folclore propio de cada país viaja con las personas que emigran de él. La música forma parte de las tradiciones, lo mismo que la oralidad de los cuentos. Los Estados Unidos fueron un crisol de culturas que se expandieron de este a oeste y de norte a sur. Los descendientes de los esclavos negros tenían su música. Los de los blancos (irlandeses, italianos, rusos, chinos, españoles, franceses, polacos, galeses o alemanes), la suya. La amalgama derivó en una «cultura americana» formada por la suma de todas ellas. El primer género blanco fue, pues, el folk, contracción de folclore.

Muy pronto las canciones supusieron algo más que un vehículo de entretenimiento o sirvieron para amenizar las reuniones de los colonos en torno a una fogata. La música siempre ha servido para expresar algo más: rebeldía, denuncia, insatisfacción… Era una forma más de contar historias o de expresar el deseo de cambio. En los Estados Unidos la industrialización cambió la vida de las personas. Miles de emigrantes se vieron abocados a trabajos mal pagados y esclavizados. Ya no eran colonos que se iban al Oeste: eran masa obrera dispuesta para la explotación. Las primeras reivindicaciones fueron para pedir trabajos dignos y ser considerados americanos. Las siguientes fueron para exigir derechos sociales. Aparecieron los sindicatos y con ellos el enfrentamiento con la patronal. La guerra estaba servida.

El primer folk *singer* reconocido, y también el primer mártir del folk, fue Joe Hill.

Hill era hijo de un obrero sueco emigrado a los Estados Unidos en 1901. Armado con su guitarra, comenzó a cantar canciones que hablaban de la vida de los obreros, la opresión y las injusticias. Canciones que pronto se hicieron populares y despertaron algunas conciencias. Sin quererlo, Hill se convirtió en un líder. Para los patronos, los líderes eran peligrosos, porque movían a las masas y estas causaban disturbios y revueltas. En un país todavía sin ley, donde el dinero tenía poder absoluto, Joe Hill fue detenido y acusado por agitador. El 19 de noviembre de 1915 fue ejecutado legalmente por subversivo. Obviamente se mató a la persona, no su obra. Sus canciones perduraron, y también su memoria y su legado. Al entierro acudieron 30.000 personas, lo cual causó un fuerte impacto aunque entonces no había medios de comunicación de masas.

Canción protesta

Después de Joe Hill, el folk siguió siendo el medio más directo para protestar por las injusticias, aunque pasaron unos años hasta la aparición de las siguientes dos leyendas, primero Woody Guthrie, después Pete Seeger. También hubo un cantante negro que defendió los derechos de su gente, Leadbelly. El folk acabó convertido en el estandarte de las reivindicaciones populares. Woody Guthrie fue tanto cantante como poeta y humanista. Vivió la época de mayor intensidad y conflictividad, cuando nació el movimiento obrero americano y los sindicatos empezaron a hacerse fuertes. En su guitarra escribió el lema «Esta guitarra mata fascistas». En 1943 escribió su autobiografía, *Bound for glory*, llevada al cine a finales de los setenta. Bob Dylan fue uno de los jóvenes que quedó fascinado por ella.

Pete Seeger tocaba la guitarra, el banjo y el ukelele, y se convirtió en el primer defensor de los derechos civiles a finales de los cuarenta y comienzos de los cincuenta, cuando los Estados Unidos estaban en plena «caza de brujas» buscando comunistas debajo de las piedras. Fue condenado varias veces por el Comité de Actividades Antiamericanas, pero el Tribunal Supremo lo absolvió. Suyos son algunos de los himnos de los años sesenta, «We shall overcome», «Turn, turn, turn» o «If I had a hammer». Luchó siempre contra el sistema, aunque reconoció aprovecharse de él para, al menos, grabar sus canciones y que estas llegaran a todo el mundo. Su obra y su pensamiento son un legado de la historia de la música.

Los derechos civiles se convirtieron en el principal foco reivindicativo de finales de los cincuenta y, sobre todo, los primeros años sesenta. Surgieron agrupaciones como el Student Nonviolent Coordinating Committee del movimiento por los derechos civiles y el CORE (Congress of Racial Equality). El principal apoyo con el que contaron fue el de los cantantes folk más importantes: Pete Seeger, Joan Baez y Bob Dylan. La lucha de los años por la igualdad de la población negra marcó a los Estados Unidos tanto como la guerra de Vietnam. El 27 de agosto de 1963 el líder negro Martin Luther King y los cantantes ya citados encabezaron la marcha sobre Washington con 250.000 manifestantes.

Había mucho por lo que protestar, así que la música fue el vehículo. Por desgracia, Martin Luther King y el radical Malcolm X fueron asesinados, lo mismo que el presidente Kennedy y su hermano Bob cuando era candidato. Tiempos turbulentos.

Greenwich Village

El barrio de Greenwich nace en Washington Square y se extiende por el sur de Manhattan, en Nueva York. Era el barrio de los artistas, con infinidad de cafés y clubs, cuando el folk inundó el ambiente. Guthrie y Seeger vivieron allí, y allí se instaló Dylan cuando aterrizó en Nueva York. Uno de sus puntos de reunión fue el Café Wha?, en la calle MacDougal, donde debutó; otros fueron el Bitter End, el Village Gate o el Common's. En el Café Society Downtown habían actuado Billie Holiday y Harry Belafonte, entre otros.

No solo fueron los cafés. También aparecieron revistas como *Sing out!* o *Broadside*, que publicaban letras de canciones inéditas todavía o entrevistas con los artistas. El número 6 de *Broadside* publicó por primera vez «Blowin' in the wind», el primer tema emblemático de Dylan.

Bob Dylan

Robert Zimmerman nació en 1941 en Duluth, Minnesota, pero vivió en Hibbing, cerca de la frontera canadiense. Tuvo su primera guitarra y una armónica siendo un niño. Sus influencias fueron Hank Williams, el rhythm and blues y la película *Blackboard jungle* (*Semilla de maldad*), llena de rock and roll. Inquieto, autodidacta y deseoso de ser una estrella (quería ser «más grande que Elvis»), abandonó la universidad y en 1960 su vida cambió. Leyó la biografía de Woody Guthrie y para él fue una revelación. Cuando supo que su nuevo ídolo se estaba muriendo en la habitación de un hospital, viajó a Nueva York en enero de 1961. Logró hacerse amigo de Guthrie e inició su andadura por el Greenwich. Su estilo, su manera de cantar, sus vitriólicas letras aún eran demasiado para el momento, y fracasó con estrépito. Pero tras una actuación en el Gerder's, un crítico del *New York Times* escribió acerca de él y eso le abrió las puertas de la todopoderosa CBS. Su primer LP, grabado en una sola toma (no le gustaban las repeticiones), costó 402 dólares.

El primer disco de Bob Dylan marcó un hito. La situación social era un hervidero. Escribió «Blowin' in the wind» tras una discusión sobre los derechos civiles y «A hard rain's a-gonna fall» en plena crisis de los misiles y con el mundo al borde de una guerra. Bob le ponía palabras a todo y lo envolvía con una música en apariencia poco comercial. Pero no era así. Multitud de cantantes y grupos serían nº 1 en las listas con versiones de canciones suyas. Convertido ya en un referente, era tan atacado («hombrecillo que canta») como glorificado (decenas de *folk singers* empezaron a imitarle). Se le prohibió cantar en el *Ed Sullivan show* por la censura de una canción en la que se mofaba de la caza de brujas. Ya con Joan Baez de pareja, su aparición en el consagrado Festival de Newport lo encumbra. Su disco *The times they are a-changin'* (Los tiempos están cambiando) es toda una declaración de principios.

Dylan ha sido uno de los grandes protagonistas de la historia, por su versatilidad, su ambivalencia, su misterio, su leyenda y sus canciones. Pero en 1964 sucedió algo que le hizo cambiar de raíz.

Bob Dylan

Un día iba en coche por el Oeste americano y escuchó cantar a los Beatles. Más aún: las cinco primeras canciones del *ranking* USA eran suyas y ocho estaban en el top 10. Él, que quería ser «más grande que Elvis», descubrió que no podría ser «más grande que los Beatles».

Su siguiente paso: electrificarse. Pero eso lo veremos en el capítulo 9.

La corriente folk

La música folk se convirtió en una fuerza porque, a través de letras y música, de manera directa y desnuda, le hablaba a la gente de lo que estaba pasando. Si el rock and roll había sido rebeldía, el folk era denuncia. En este marco, Bob Dylan fue el rey y Joan Baez la reina.

Joan era neoyorquina, pero su madre venía de Escocia y su padre era méxico-americano. Su origen le hizo tomar conciencia del problema de las minorías, amén de que su padre trabajó en la UNESCO. Con una voz prodigiosa, habiendo podido tener una carrera comercial más frívola, se dedicó a lo que más le interesaba, siempre en primera línea de cualquier protesta (fue detenida muchas veces a causa de ello). Fue acusada en 1964 de tener relación con las revueltas de la Universidad de California en Berkeley, en 1965 fundó el Institute for the Study of Nonviolence y rechazó pagar el impuesto especial decretado por el Gobierno para financiar la guerra de Vietnam. Debutó en 1959 y con la aparición de Dylan formaron un tándem soberbio que puso rostro a la canción protesta.

La corriente folk se consolidó también a través de otras voces, Judy Collins («Suzanne», «Boths sides, now»), Buffy Sainte-Marie, Tom Paxton o Phil Ochs. Los más famosos sin embargo fueron Peter, Paul and Mary, que fueron nº 1 versionando «Blowin' in the wind», o el Kingston Trio. Con ellos, la música folk también triunfó en las listas de éxitos.

Capítulo 8
De 1964 a 1966

Los Beatles en América

En publicidad se llama campaña *hype* a la que no deja ningún cabo suelto y trata de llegar a todo el mundo, sea cual sea la edad, clase o condición. Brian Epstein desarrolló una para preparar la llegada de los Beatles a Nueva York el 7 de febrero de 1964. En pocos días eran una imagen de marca, como la Coca-Cola o Mickey Mouse. Después de la aparición en el *Ed Sullivan show* (50.000 peticiones para solo 700 entradas disponibles en los estudios de televisión), la locura invadió América. Las peluquerías ofrecían el «cabello al estilo Beatle», 100.000 muñecos con sus imágenes a la venta, pelucas, máscaras, camisetas, helados (Beatle Nut). Era la primera vez que el *merchandising* entraba en la esfera del rock. El 4 de abril los cinco primeros discos del *ranking* eran del grupo. El día 11 eran 14 las canciones en el hot 100. Los Beatles habían vendido 7 millones de discos en Inglaterra en 1963. Las cifras americanas multiplicaron por mucho esos números. Por si fuera poco, los LP en Inglaterra tenían 14 canciones, mientras que en los Estados Unidos solo contenían 10. Con esto y los temas de los singles no incluidos en los álbumes, la discografía americana fue el doble de la inglesa. Solo en 1964 aparecieron 7 LP en los Estados Unidos.

Lennon y McCartney componían canciones sin parar, en cualquier lugar, demostrando una creatividad sin parangón. Eso, las grabaciones, las giras o los rodajes de las películas les llevaron hasta 1966 al borde del colapso. Después de que John dijera que los Beatles eran más famosos que Jesucristo, en una entrevista tergiversada con esa frase extrapolada de un contexto más amplio, llegaron los escándalos. Quemas de discos, prohibiciones, conciertos suspendidos por amenazas de bombas y mucho más. En el Cow Palace de San Francisco se destrozó su limusina y tuvieron que escapar camuflados en una ambulancia. En Montreal, Ringo fue amenazado de muerte. En Jacksonville, Florida, el grupo exigió que blancos y negros estuvieran juntos y no separados como exigían las autoridades. En Cleveland, Ohio, un policía del Departamento de Delincuancia Juvenil interrumpió el concierto para pedir a la gente que se sentara y se «comportara de forma cívica porque la música no podía escucharse bien». Como se verá más adelante, todo esto supuso que en 1966 dejaran de actuar en vivo y la historia cambió.

Primeras oleadas británicas

Después de los Dave Clark Five o los Animals, por el hueco abierto en los Estados Unidos se colaron los grupos que ya estaban marcando las nuevas pautas en Inglaterra. Uno de los más famosos fueron los Kinks, con los hermanos Davies al frente. Artífices de un contundente sonido, aportaron obras básicas como «You really got me» o «All day and all of the night». Con unas voces preciosistas y un trío de autores no menos potente, aparecieron los Hollies, más rivales para los Beatles que ningún otro. Graham Nash, Tony Hicks y Allan Clarke eran los autores de las canciones y lograron enormes éxitos, como «Bus stop», «I'm alive», «I can't let go» o «Just one look». Graham Nash se convertiría en 1969 en parte de Crosby, Stills and Nash. Otros grupos importantes fueron Manfred Mann (a lo largo de sus distintas etapas), los Righteous Brothers o los Herman's Hermits, mientras que como cantantes destacaron Sandie Shaw, Lulu, Marianne Faithfull o P. J. Proby. Todos con un tono pop muy distinto a los de las estrellas americanas del momento, como eran la gran Barbra Streisand o Dionne Warwick (38 éxitos en nueve años). Sus equivalentes inglesas serían Petula Clark y Dusty Springfield.

Con los Rolling Stones al frente, la segunda invasión británica contó con otra gran serie de grupos de éxito: los Zombies, los

Seekers, Them (con Van Morrison de solista y su inmortal «Gloria»), Marmalade, los Move, los Walker Brothers («The sun ain't gonna shine anymore»), los Troggs o los Moddy Blues. Los Troggs, con su desgarro sónico y vocal, inmortalizaron «Wild thing» y «With a girl like you». Los Moody Blues fueron los primeros que hicieron pop sinfónico con su hit «Nights in white satin». Les siguieron Procol Harum con «A whiter shade of pale», inspirada en Bach. No faltaron los solistas, «el tigre» Tom Jones («It's not unusual»), su breve rival Engelbert Humperdinck o la réplica británica de Dylan, Donovan («Colours»). Todos ellos superados por el siguiente gran grupo de los sesenta: los Who.

Pete Townshend y los Who

Entre los jóvenes británicos hubo dos formas de entender la música y la moda a mediados de los sesenta, así que se dividieron en dos bloques: los rockers y los mods. Los primeros eran duros, vestían informalmente, cazadoras negras o de cuero, aspecto desaliñado. Los segundos iban a la moda, con ropas de colores, pantalones a cuadros, rectos, zapatos italianos brillantes y convertían sus *scooters* (motos de tipo Vespa) en el objeto de su fetichismo, poniéndoles espejos o pegatinas. Los rockers despreciaban a los mods llamándoles afeminados. Los mods despreciaban a los rockers por estúpidos, zafios y descerebrados. Carnaby Street, la calle de Londres que se había convertido en el centro de la moda, estaba llena de mods. Los rockers en cambio no consumían, para ser auténticos: los vaqueros tenían que ser viejos.

Los dos grupos se odiaban, así que iban a una playa del sur de Inglaterra, Brighton, a pegarse los sábados. El lugar, reducto plácido de ancianos y calma, se vio sacudido por las peleas y convertido en portada de todos los periódicos del mundo, que tenían puesto el ojo en lo que sucedía en la Inglaterra de los Beatles y los Stones.

Los Who no eran mods. Si algo tenía su música era rocker. Sin embargo, los mods los escogieron como grupo de referencia y,

Los Who

como los mods consumían, aceptaron encajar en la cultura mod. Por suerte trascendieron su época y se convirtieron en una de las bandas más poderosas de todos los tiempos. Tenían un batería loco que destrozaba los escenarios (Keith Moon), un cantante de voz única (Roger Daltrey) y un guitarra y compositor que aportaría dos de las óperas-rock más importantes de los sesenta y los setenta, *Tommy* y *Quadrophenia*. El cuarto elemento era un bajo discreto (John Entwistle). La leyenda Who comenzó un día en que al tocar en un local de techo muy bajo, Pete Townshend estrelló la guitarra contra él. Corrió la voz de que «había un grupo con un guitarrista que rompía su instrumento cada noche», y Pete siguió haciéndolo. A veces la guitarra costaba más de lo que ganaban por tocar. Cuando por fin crearon otro de los himnos pop de los sesenta, «My generation», entraron en la élite. Grandes músicos, en 1966 ya utilizaban el *feedback*, multiplicando la intensidad del sonido por medio de un efecto en el amplificador y aumentando el volumen de las pulsaciones de las cuerdas. La primera ópera rock, *Tommy*, llegó en 1968. Ni la muerte de Keith Moon en pleno auge detuvo su éxito.

Siguiendo la estela de los Who aparecieron otros grupos menores, Small Faces y los Pretty Things. Los primeros acabarían siendo los Faces y acompañando a Rod Stewart como grupo.

De las radios piratas a la FM

Mientras la música pop se había adueñado de Inglaterra, la emisora oficial, la BBC, mantenía su estatus clásico e inamovible. Como consecuencia se produjo uno de los cambios más fundamentales de la década: la aparición de las radios piratas.

La BBC no solo era reacia a programar música pop, sino que ejercía una feroz censura. No todo eran Beatles. Ese monopolio hacía que los jóvenes se quedaran sin escuchar decenas de discos. El domingo de Pascua de 1964 apareció una nueva emisora en las ondas, Radio Caroline. ¡Y emitía lo último! Pero ¿dónde estaba?

Pues en un barco frente a la costa de Liverpool, fuera de las aguas jurisdiccionales británicas y, por lo tanto, lejos de la ley.

Radio Caroline no fue la primera. En 1962 ya había aparecido Radio Syd en Suecia. Pero sí fue la más importante. El éxito fue tal que en pocas semanas las radios instaladas en barcos anclados en medio del mar fueron muchas: Radio Veronica, Wonderful Radio London, Swingong Radio England, Radio Atlanta... Lo mismo sucedió en el continente con Radio Luxemburgo. Por fin se oía todo lo nuevo, y a veces en exclusiva mucho antes de que apareciera el disco.

La BBC no pudo frenar el fenómeno. Los nuevos *disc jockeys* se hicieron famosos. Los grupos les mandaban los discos a ellos. Además, emitían las 24 horas de forma ininterrumpida. A más éxito, también más ingresos por publicidad. Las pulgas acabaron por picar demasiado al elefante BBC. En pleno apogeo, Radio Caroline llegó a contar con dos barcos, uno al norte (*MV Caroline*, 763 toneladas, 58 metros de eslora y un motor de mil caballos capaz de llegar a los 14 nudos por hora) y otro frente a Greenore, Irlanda (*MV Mi Amigo*, 470 toneladas y 200 caballos). Wonderful Radio London tenía una antena de 66 metros de altura (siete más que la columna de Nelson en Trafalgar Square) y su música llegaba a 400 kilómetros de distancia.

En 1967 la BBC dijo basta. Radio London tenía diez millones de oyentes al día y las restantes rondaban las mismas cifras. El Parlamento tomó cartas en el asunto con la excusa de que las radios piratas podían un día emitir algo más peligroso que música. El 14 de agosto fueron declaradas ilegales y se conminó a su cierre. Tardaron, pero una a una cerraron. Para entonces la BBC ya se había dado cuenta de su error. La mayoría de los *disc jockeys* fueron contratados para programas «legales».

Mientras esto sucedía en Inglaterra, en los Estados Unidos se producía otro fenómeno. Un *disc jockey* llamado Bill Drake comenzó a radiar exclusivamente los discos de más éxito. Acababa de nacer la Radio Fórmula. En paralelo, las emisoras de radio se dieron cuenta de que, si bien tenían una programación oficial, para todos los públicos, la música era lo único que atraía a los jóvenes y también lo más actual. Música de muchos estilos que no cabía en la mayoría de programas. Todas las emisoras emitían en AM (amplitud modulada). En 1967 tres emisoras de San Francisco, Detroit y Boston crearon la FM (frecuencia modulada) exclusivamente para emitir música. Eso benefició enormemente la capacidad de escucharla justo en el momento en que los discos dejaron de ser monoaurales para convertirse en estereofónicos y los tocadiscos contaron con dos altavoces. Antes salía el mismo sonido por los dos altavoces. Con el estéreo cada altavoz emitía un sonido y, en medio, el oyente se sentía envuelto por la música. En los años sesenta se pasó de grabar con equipos de dos pistas a cuatro, luego a ocho, dieciséis... Todo sonaba cada vez mejor, y también era necesario oírlo mejor.

Capítulo 9
Nuevo mundo, nuevos tiempos, nuevos sonidos

El hereje Dylan

Los folk singers, que habían capitalizado el cambio a comienzos de los años sesenta, se vieron superados y desbordados por el empuje del pop y la irresistible incidencia de los Beatles. Bob Dylan fue el primero en darse cuenta de que para un nuevo mundo y un nuevo tiempo, también era necesaria una nueva adaptación de su música. Hasta 1964 había actuado en solitario, con su guitarra y una armónica colgada del cuello. Pero a finales de ese año empezó a tocar con un grupo de respaldo, los Blues Project. Sus experimentos, aportando electrónica al folk, se vieron reflejadas en el LP de Bob Dylan Bringing it all back home, editado en marzo de 1965. Cuando este disco apareció, los puristas hicieron saltar las alarmas. ¿Qué hacía el líder de la protest song con guitarras eléctricas? Por primera vez se le llamó traidor. Pocos pensaron que lo único que hacía era experimentar y buscar nuevos caminos. Peter, Paul and Mary ya habían sido n° 1 con «Blowin' in the wind», demostrando el fondo musical de la mayoría de temas de Bob. Entonces llegaron los Byrds y repitieron el n° 1 con «Mr. Tambourine man». Folk eléctrico. Dylan abrió los ojos.

El Festival de Newport era el termómetro del folk americano. En el de 1965 había 80.000 personas, el doble que dos años antes. Dylan cantó el 25 de junio. Salió a escena con botas, camisa de lunares y cazadora, lejos de su imagen folkie. Además, llevaba detrás un grupo, la Paul Butterfield Blues Band, con el gran guitarra Mike Bloomfield y el todoterreno Al Kooper como invitado. Cuando arrancó con su visceral «Maggie's farm», el público empezó a abuchearle. Durante los siguientes minutos, además, el volumen fue atronador para la paz habitual del festival. Aquello no era folk, era puro rock and roll. El escándalo fue tal que Dylan se retiró, Johnny Cash le prestó una guitarra y una armónica, volvió a salir e hizo una segunda parte en su línea. Aquella iba a ser su última concesión.

Nada más acabar Newport, un Dylan enfurecido volvió al estudio de grabación y puso en solfa su gigantesco *Highway 61 revisited*, que incluía la que está considerada la mejor canción de la historia: «Like a rolling stone». No sería la primera vez que ante unas malas críticas reaccionaría así, grabando nuevas canciones para taparles la boca a los irredentos. En el LP había canciones de once minutos, cuando lo habitual, para que las radios pudieran programarlas, eran dos o tres. Dylan volvía a romper los cánones. «Like a rolling stone», que duraba seis minutos, se editó en single con la mitad del tema en una cara y la mitad en la otra. Así pues, en cuatro me-

ses grabó dos álbumes históricos que dieron un nuevo rumbo a la música. En agosto del mismo sesenta y cinco y en el Festival de Forest Hills, salió a escena acompañado de los Hawks, antesala de su grupo posterior, la Band. El público le gritó cosas como «Queremos a Dylan» o «¿Dónde está Ringo?». No hubo forma. Demostró que era imparable. El folk rock ya era una realidad.

Bob Dylan siguió igual hasta 1966. Este año tuvo un accidente de moto que casi le costó la vida. Desapareció del mapa y cuando regresó... la historia era otra.

Simon and Garfunkel

Los Byrds rompieron muchos esquemas a mitad de los años sesenta. Los Beatles todavía iban «de uniforme» cuando salían a escena con cabellos largos y ropas informales. Crearon una tendencia que luego seguirían Buffalo Springfield y otras bandas de folk rock. Su primer éxito fue «Mr. Tambourine man». El segundo fue con otra canción de Dylan, «All I really want to do». Para el tercero escogieron un éxito de Pete Seeger, «Turn! Turn! Turn!». Voces armónicas, guitarras afiladas y cadencias suaves abriendo fronteras. Los Beach Boys también dejaron la moda surf para integrarse en este contexto con sus dotes vocales. Pero la CBS, que ya tenía a Dylan y a los Byrds, quería explotar más el filón. Entonces, casi de casualidad, se encontraron con Simon and Garfunkel.

En 1964 Paul Simon y Art Garfunkel llevaban ya muchos años juntos, desde la segunda mitad de los cincuenta, cuando imitaban a los Everly Brothers. Habían actuado incluso con el nombre de Tom y Jerry y grabado discos como Jerry Landis o Tico and The Triumphs. En 1964 grabaron para la CBS un single titulado «The sound of silence» y el LP que lo contenía. No pasó nada con él y prácticamente se separaron para seguir con sus vidas. Un día, el mismo productor que había producido «Like a rolling stone», Tom Wilson (uno de los pocos productores negros de la época), escuchó la canción y la regrabó, añadiéndole una nueva base instrumental.

Simon and Garfunkel

Nadie había hecho algo así, porque por lo general primero se grababa la música y después se le añadían las voces. Con la nueva mezcla, se reeditó el disco a finales de 1965 y se convirtió en un gran éxito, abriendo el camino al dúo más importante de la historia. El folk rock encontró en las canciones de Simon y la matizada voz de Garfunkel una combinación perfecta. Perfeccionistas (tardaron cien horas en grabar *The boxer*, mucho para la época) y comerciales (lo demostraron en «Mrs. Robinson», tema de la película *El graduado*), dejaron una larga lista de éxitos coronada con el LP *Bridge over troubled water*.

El siguiente paso del folk rock llegaría ya a finales de los sesenta, con la aparición de supergrupos como Crosby, Stills and Nash, a los que luego se uniría Neil Young, y formaciones como Poco o los Flying Burrito Brothers.

Motown sound

Berry Gordy Jr. nació en Detroit, Michigan, en 1929. Uno más de entre siete hermanos y hermanas, creció en plena Gran Depresión y, como negro, su futuro quedaba muy reducido salvo que destacara en el deporte o la música. Primero optó por el boxeo, fue profesional, y cuando se cansó de recibir golpes se pasó a la música. Pronto descubrió una realidad incuestionable: en los discos, el dinero no lo ganaba el intérprete, ni siquiera el autor del tema. El dinero lo ganaba la compañía discográfica y el productor. Berry, convencido de que el «sueño americano» era posible (pese a trabajar por entonces en la cadena de montaje de la Ford) y decidido a ser millonario, fundó Motown Records con un préstamo de 700 dólares de su familia. Detroit era una ciudad en auge, llena de clubs, y donde había clubs había cantantes. Un sinfín de artistas negros que habían emigrado del sur poblaban la urbe. Llamó Motown a su compañía abreviando Motor Town (Ciudad del Motor), como se la conocía porque allí estaban las principales cadenas de montaje de automóviles.

Por el primer local de Motown, un octavo piso en Grand Avenue, comenzaron a pasar todos los artistas negros de la ciudad. Todos llevaban consigo sus raíces, pero lo que hizo Berry fue unificarlos en un sonido único, que acabó siendo el Motown sound. Los primeros discos se editaron entre 1959 y 1961. En pocos años, la Motown ya era la primera y más grande compañía de artistas negros de los Estados Unidos, con una pléyade de figuras históricas y números 1 en las listas. Los primeros fueron Smokey Robinson y los Miracles. Les siguieron Mary Wells y las Marvelettes, los Contours, las Supremes, Martha and the Vandellas, los Temptations, los Four Tops, Stevie Wonder... y así hasta los Jackson 5.

Mencionar los éxitos discográficos de la Motown sería interminable. Las Supremes, con Diana Ross al frente, disputaron el cetro de números 1 a los Beatles (lograron 13 y vendieron 26 millones de discos). Los Temptations colocaron 20 canciones en las listas en solo cuatro años. Los Four Tops inmortalizaron su «Reach out, I'll be there». Stevie Wonder debutó con once años en la compañía y Michael Jackson era aún más pequeño cuando se hizo famoso con sus hermanos. Todos dejaron huella en la música y convirtieron el Motown sound en una marca. Durante los sesenta y los setenta la compañía se colocó entre las diez más importantes del mundo, e incluso produjo diversas películas, *Lady sings the blues* (biografía de Billie Holiday que le valió una nominación al Óscar a Diana Ross), *Mahogany* o *The wiz* (*remake* de *El Mago de Oz*, con Michael Jackson y Diana Ross).

1966 en los Estados Unidos

A pesar de Dylan, a pesar de los Beach Boys, a pesar de la Motown y a pesar del poderío estadounidense en todo lo concerniente a la música, en América se tenía la sensación de que los ingleses habían tomado la delantera y el control del rock. Incluso su rey, Elvis Presley, había regresado del Servicio Militar para instalarse en Hollywood y rodar tres películas (bastante malas) al año. Las bandas sonoras eran los discos que editaba, llenos de banalidades comerciales. Los americanos buscaban una réplica de los Beatles, y creyeron hallarla en los Monkees.

Don Kirshner, uno de los más hábiles mánagers del *show business*, ideó un concurso nacional para buscar al grupo llamado a ser el rival de los Beatles. Se presentaron miles de candidatos y finalmente se escogió a los cuatro. Fue más por imagen, porque sus primeros discos ni los grabaron ellos. Pero el éxito (cuanto menos momentáneo) de los Monkees fue importante. Un desconocido autor llamado Neil Diamond les entregó sus dos primeros éxitos, «I'm a believer» (10 millones de copias vendidas) y «Last train to Clarksville». También tuvieron su propio *show* en televisión, con 56 episodios. Todo para una etapa, entre 1966 y 1968, en la que fueron ciertamente los más populares, antes de separarse en 1969. El *boom* de los Monkees no ocultó la aparición de otros grupos o solistas mucho mejores, aunque sin tanto eco mediático: los McCoys, Paul Revere and The Raiders, Lovin' Spoonful, Barry McGuire, Sam the Sham and the Pharaohs, Tommy James and the Shondells, Youngbloods, Love, Country Joe and the Fish, el propio Neil Diamond o los Young Rascals; todos ellos con grandes éxitos avalando su momento. El gran grupo americano, sin embargo, acabaría siendo los Doors, que encontraremos más adelante.

Una de las sorpresas a nivel internacional fue que un grupo español, Los Bravos, consiguiera con su tema «Black is black» llegar al top 5 tanto en los Estados Unidos como en Inglaterra.

1966 en Inglaterra

La música pop reinó en Inglaterra hasta 1968, pero ya antes se gestó la nueva frontera que rompería los moldes y marcaría el camino del gran cambio a partir de ese año. En 1966 hubo una serie de detalles que marcaron la evolución. Un ejemplo fue el LP *Aftermath* de los Rolling Stones, que incluía un tema de 11 minutos, todo un desafío para la época. No fueron pocos los que criticaron «la

Cream

vagancia» de alargar una canción en lugar de usar ese espacio para poner tres. Los Beatles, por su parte, rompieron con el pasado a través de su álbum *Revolver*. En el mismo 1966, Lennon compondría su emblemático «Strawberry fields forever», con su estética rompedora en relación con lo que habían hecho desde 1962.

La gran convulsión llegó por parte de un grupo, Cream, y de un guitarra, Jimi Hendrix, que aunque era norteamericano fraguó su leyenda en Inglaterra.

Los habituales Pop Polls (listas anuales para determinar quiénes eran los mejores en cada instrumento, mejores singles, LP, etc.) colocaron en la cima a los tres músicos más importantes del año, Eric Clapton como guitarrista, Jack Bruce como bajo y Ginger Baker como batería. Eran los mejores pero tenían los bolsillos vacíos. Se llamaron y decidieron unirse. Para rizar el rizo se bautizaron como Cream (la Crema, los Mejores). Editaron su primer disco en octubre de 1966 y su poderoso sonido creó un abismo entre lo que se hacía y lo que iba a ser el futuro. Rock y blues, temas de largos desarrollos, y con directos llenos de energía y fuerza. Eric Clapton se hubiera consagrado como el mejor guitarra de los sesenta de no ser porque en paralelo apareció Jimi Hendrix.

Cream marcó la tendencia de los supergrupos, es decir, líderes de bandas unidos entre sí. Cuando se separaron en 1968 después de un concierto en el Royal Albert Hall, fueron otros muchos los que siguieron su camino, como Led Zeppelin. De ahí que en 1969 la música diera el gran salto hacia la plenitud global.

Jimi Hendrix tenía veinticuatro años en 1966 y, sin embargo, ya era un veterano que había tocado con infinidad de artistas, entre ellos Sam Cooke, Little Richard, Ike and Tina Turner, o B. B. King, además de ser miembro de los Isley Brothers o de Jimmy James and the Blue Flames. Tocando con ellos en el Café Wha? de Nueva York, en el verano de 1966, lo descubrió el bajista de los Animals, Chas Chandler. Se convirtió en su mánager y se lo llevó a Inglaterra. Tuvo tiempo de debutar antes de que acabara el año en el Scotch of St. James. Desde el primer momento el público quedó fascinado por aquel torrente decibélico y la maestría de sus manos.

Jimi Hendrix

Su imagen también dio que hablar: plumas de colores, sombreros, ropa de fantasía, sedas, pañuelos, chaquetas con chorreras (a la moda de 1967). No solo fue su música: también el componente sexual, provocador. Era el primer artista negro que se metía de lleno en la Inglaterra multiétnica.

Jimi vivió cinco años en la cima. Quemó su guitarra en el Festival de Monterrey y tocó un dramático himno americano en el de Woodstock. Dos polos opuestos. Atacado por los negros, que le acusaban de ser una marioneta de los blancos, y siempre angustiado por sacarle cada vez más a su guitarra, moriría en 1970 ahogado en su propio vómito tras un exceso de drogas y sería uno de los pioneros del Club de los 27.

Capítulo 10
El movimiento hippy

San Francisco

A toda cultura establecida, sea o no de masas, aceptada por el *Establishment* y controlada por los *mass media* o unos poderes fácticos, le sobreviene una contracultura basada en la rebeldía y la oposición. En 1966, en San Francisco, apareció la que sin duda fue la contracultura de los sesenta: el movimiento hippy (también escrito hippie).

¿Por qué San Francisco? Pues porque la guerra de Vietnam ya era un hecho y desde el puerto de la ciudad salían los barcos o los aviones cargados con los jóvenes que se iban a luchar allí. Jóvenes en muchos casos con los diecisiete años recién cumplidos, la mayoría de clases bajas, sin estudios, porque los que estudiaban una carrera podían librarse. Lejos de parecer una guerra más contra el comunismo, Vietnam se convirtió en un matadero sin salida y resultó ser la horma del zapato del poderío militar estadounidense. Por si fuera poco, fue el primer conflicto bélico retransmitido día a día por televisión. Vietnam causó más locos que ninguna otra guerra. En la Segunda Guerra Mundial los soldados regresaban a casa y se les recibía como héroes. En la de Vietnam no. Un chico podía estar combatiendo un día y al siguiente regresar a los Estados Unidos sin más, y de vuelta a su vida civil, cargando con los recuerdos, las muertes de los amigos, las atrocidades vistas o vividas. Fue, además, una contienda impopular. Esos soldados no eran héroes, sino que en muchos casos se les consideraba poco menos que asesinos de inocentes, mujeres o niños.

Miles de jóvenes americanos se negaron a combatir y se marcharon a Canadá. Pero la verdadera cultura de la resistencia residió en el movimiento hippy alumbrado inesperadamente en San Francisco.

Fue en un cruce de calles, Haight y Ashbury, donde por primera vez aparecieron chicos y chicas vestidos con ropas de colores, flores en el pelo y el símbolo de la paz (un círculo con una cruz con los brazos caídos en un ángulo de 45 grados, convertido en icono ya eterno), junto con el lema «Haz el amor, no la guerra». Primero fueron llamados «los niños de las flores». Pronto demostraron ser algo más. El verdadero calificativo fue el de *flower power*. No faltaron las drogas. El LSD (dietilamida de ácido lisérgico) era legal. Un alucinógeno que, combinado con los efectos de la música, producía «viajes» llenos de visiones. En octubre de 1966 se celebró en el Golden Gate Park el primer festival *hippy*, con 17.000 personas. Muchos ejecutivos que durante la semana trabajaban con camisa y corbata los fines de la semana se la quitaban y se hacían *hippies*. El hippismo fue un canto al amor, la libertad y la inocencia.

Paz, amor y libertad

En muy poco tiempo aparecieron decenas de grupos y clubs, expresiones como *light shows* (luces combinadas con música para crear efectos visuales cuyas sensaciones aumentaban con las drogas) y psicodelia para nombrar al nuevo género musical. El principal templo rockero fue el Fillmore West. Hubo también un Fillmore East en Nueva York. Los *hippies* preconizaban el amor libre, entre otras cosas, y eso, para la moral americana, era un escándalo. Aparecieron comunas donde se compartía todo, rompiendo con cualquier norma establecida. Las drogas se convirtieron en parte esencial del proceso. En la California de 1966 los profetas del underground (como Allen Ginsberg) o el padre del LSD (Timothy Leary) afirmaban que la droga formaba parte de la contracultura, lo mismo que para Virgilio, Heráclito, Li Bai, Rousseau, Ibsen o Brecht, pasando por los beatnics hasta los hippies, se planteaban la evolución-revolución en la base del ser humano como centro orgánico. Como toda contracultura, el universo hippy dio para mucha literatura y controversia.

Pronto los festivales hippies, como el Be-in, reunieron a 50.000 personas. La filosofía hippy impregnó América primero y el mundo después. La psicodelia llevaba el espectáculo, los conciertos, un paso más allá. Ya no solo se iba a escuchar música, sino también a verla y a sentirla. Los primeros *light shows* aparecieron en los Trips Festival de Ken Kesey. Muchos pioneros desarrollaron a continuación una parafernalia de complementos: proyección de imágenes a modo de manchas de colores, proyectores opacos, linternas mágicas, hielo frío, luces ultravioletas...

El arranque hippy se produjo en 1966, y fue entre ese año y el siguiente cuando aparecieron los primeros discos emblemáticos y las primeras estrellas emergentes.

Canciones como «California dreamin'», de los Mamas and the Papas, o «San Francisco», de Scott McKenzie. Los grandes grupos fueron Jefferson Airplane (con su cantante Grace Slick al frente), los Grateful Dead, los Mother's of Invention (con Frank Zappa de oficiante principal) y una serie posterior en la que destacaron los Fugs, Steve Miller Band, Quicksilver Messenger Service, Flamin' Groovies o It's a Beautiful Day. Todos ellos barridos por el carisma, la singularidad y la fuerza de Janis Joplin.

Janis

Nacida en Port Arthur, Texas, Janis Joplin fue la mejor cantante de rock y blues blanca de los sesenta. En un escenario era volcán. Su voz, única, desgarrada, era capaz de comunicar mil emociones en cada registro. Decía que en los conciertos hacía el amor con cien mil personas, aunque luego se acostase sola. Enamorada del blues desde niña gracias a Leadbelly y Bessie Smith, comenzó a cantar a los diecisiete años en clubs y cafés de poco relieve. En 1966 se unió al grupo Big Brother and The Holding Company y, en plena fiebre hippy, se desató la leyenda. Aun sin tener discos, fueron invitados al Festival de Monterrey de 1967, y allí se asistió al nacimiento de una estrella. Su actuación, filmada, sigue siendo uno de los hitos del rock. Con su aspecto de cabaretera, botella en mano, visceral y dramática, conmocionó al mundo. Después de publicar dos LP extraordinarios, en plena grabación del tercero, Janis moría por alcohol y drogas la noche del 4 de octubre de 1970 y, lo mismo que Jimi Hendrix y Brian Jones, se convertía en miembro del Club de los 27, al que pronto llegaremos.

De costa a costa

Muchas ciudades ya tenían el sello de «cunas del rock», Memphis, Chicago, el Delta, Nashville, Liverpool, San Francisco... Pero ¿qué

Janis Joplin

sucedía en los dos polos más importantes de los Estados Unidos, Nueva York en la Costa Este y Los Ángeles en la Costa Oeste?

En Los Ángeles, la ciudad-autopista, llena de clubs como el Troubadour, el Roxy, el Whisky-a-go-go o el Palomino Club (North Hollywood), el núcleo hippy se estableció por Sunset y Hollywood Boulevard, extendiéndose a las playas de Santa Mónica o a los alrededores de la UCLA (Universidad de California Los Ángeles). Sin embargo, fue más disperso. A fin de cuentas Los Ángeles y San Francisco estaban relativamente cerca una de la otra. El considerado primer gran grupo de rock americano de su tiempo surgió de allí en 1966 y se llamó The Doors.

Jim Morrison era de Florida, hijo de un oficial de la Armada. Abandonó la universidad para emigrar a Los Ángeles y alejarse de su familia. Comenzó a estudiar Teatro y Cine en la UCLA y conoció a un teclista llamado Ray Manzarek. Decidieron formar un grupo «para ganar un millón de dólares». El nombre, The Doors, lo sacaron de un libro de Aldous Huxley, The doors of perception (Las puertas de la percepción). Junto con John Densmore al bajo y Robby Krieger a la guitarra, sin batería, completaron el grupo que rápidamente fue contratado a finales de 1966. En directo eran brutales. Jim fue considerado uno de los «animales más bellos del rock». Tenía carisma, imagen, una voz muy personal, una puesta en escena única, y, sobre todo, lo que más desprendía era sexualidad. Rápidamente fue apodado King Lizard (El Rey Lagarto). Sus textos, poemas rockeros llenos de imágenes y visiones, acabarían siendo estudiados en escuelas. Creó frases tan memorables como su emblemático «We want the world, and we want it NOW!» (Queremos el mundo, ¡y lo queremos AHORA!).

La irrupción de los Doors en el panorama americano fue importante. Grabaron álbumes impresionantes, pero su escalada hacia la cima se vio salpicada por los constantes escándalos y borracheras de Jim. Tras una detención en Miami por «inmoral», fue condenado a tres años de cárcel, aunque luego la condena se redujo a seis meses. Acabó emigrando a París y moriría de un paro cardiaco el 3 de julio de 1971. También tenía veintisiete años.

Jim Morrison

En Nueva York las frivolidades pasaban más desapercibidas. En torno al pintor Andy Warhol se desarrolló una creciente actividad artística conocida como La Factoría, en Union Square. Cineastas, pintores o cantantes formaban parte del grupo. Allí aparecieron la Velvet Underground, inicialmente sin el menor éxito, pero, con el tiempo, reconocidos por su labor tan minoritaria como elitista. Claro que en los Velvet ya brillaba el genio neoyorquino por antonomasia: Lou Reed, que haría su carrera individual en los años setenta. Los Velvet, con una modelo llamada Nico de cantante, editaron un primer LP con portada diseñada por Warhol (un plátano). Se convirtieron en objeto de culto y avanzaron muchas de las modas y tendencias del futuro, como el punk americano.

La música soul

En 1966 no todo eran *hippies* ni la música negra patrimonio de la Motown Records. Las discotecas comenzaron a reinar en la noche y una de las primeras contribuciones sonoras para bailar la hallaron en el soul, el último movimiento surgido más allá del rhythm and blues.

El soul tenía fuerza, ritmo, era especialmente sensual en los temas lentos y fue la respuesta negra al dominio pop de los blancos. De entrada recuperó instrumentos ya en desuso, como los de viento, y contó con un alud de estrellas que lo instauraron y lo convirtieron en algo más que una moda. Tras la lucha por los derechos civiles de la primera mitad de los sesenta, la población negra de los Estados Unidos comenzaba a salir de los guetos en los que había estado confinada. Quedaban años de esfuerzo, el asesinato de Martin Luther King, pero el cambio ya era inaplazable. El rock and roll había sido un género bailable, también el twist, pero la psicodelia no lo era, salvo para *happenings* lisérgicos. En las discotecas se necesitaba ritmo para las fases desenfrenadas, y canciones lentas para las parejas. La música disco obligó también a crear LP *non stop*, sin cortes entre canciones para que no decayera la adrenalina.

Además de la Motown, aparecieron otras compañías discográficas como Stax, en Memphis, que lanzó a Booker T. and the MG's, Sam and Dave o el rey del soul, Otis Redding. Jerry Wexler y Arif Mardin, dos de los grandes productores de su tiempo, consolidaron a Atlantic Records como sello de referencia. En torno al soul, en poco tiempo coincidieron estrellas como Redding, Aretha Franklin, Wilson Pickett, Nina Simone, Solomon Burke y otros. También se recuperó la figura de James Brown, llamado el Godfather of soul (el Padrino del soul), creador de grandes éxitos como «It's a man's man's man's world» o «Sex machine».

Una característica de muchos cantantes negros de soul eran sus raíces: provenían de coros de iglesia o eran, directamente, hijos de pastores, ministros del Señor, reverendos o líderes espirituales de sus comunidades. Tanto daba que fueran baptistas, metodistas o de cualquier otra rama. El padre de Otis Redding era baptista. Él debutó en 1964, triunfó con el excelso «Sittin' on the dock of the bay» y murió en un accidente de aviación en diciembre de 1967. Lo mismo que «Sittin'», el tema «When a man loves a woman» se hizo mundialmente famoso en voz de Percy Sledge. Aretha Franklin también era hija de un reverendo de la New Bethel Baptist Church. A los dieciocho años llegó a Nueva York, grabó varios discos intrascendentes y, finalmente, en Atlantic Records llegó su enorme éxito con una larga serie de temas que se inició con «Respect». Fue apodada Lady Soul. Solomon Burke está considerado como uno de los pioneros en el trasvase del rhythm and blues al soul. Fue predicador hasta que cambió el repertorio religioso por el comercial. Wilson Pickett hizo bailar al mundo con «Land of a thousand dances». Nina Simone era hija de un sacerdote metodista y fue otra gran dama. Éxitos menores tuvieron Arthur Conley, Edwin Starr, King Curtis o los Bar-Kays.

Algunos blancos también hicieron soul (los Box Tops, los Rascals, los Righteous Brothers), y a su música se la llamó «soul de ojos azules».

Capítulo 11

1967

Sgt. Pepper's lonely hearts club band

Por primera vez en su historia, los Beatles tuvieron meses y más meses para grabar el que sería su álbum más excelso. Para que eso pasara, tuvieron que suceder algunas cosas. La principal, su renuncia a los conciertos en vivo y, por lo tanto, a las giras.

Hasta finales de los sesenta, los artistas no daban conciertos de dos horas, sino que formaban parte de un paquete con otros solistas y grupos, actuando como mucho unos 30 minutos. Era el caso de los Beatles. Por si fuera poco, sucedían cosas extremas. El 15 de agosto de 1965 actuaron en el Shea Stadium de Nueva York ante 55.600 espectadores. Récord absoluto de su tiempo. Pero ellos estaban en medio del campo de juego, separados por decenas de metros de sus fans. El griterío impedía incluso oír la música. Más que un concierto fue un circo.

Después de publicar el LP *Revolver* se embarcaron en su última gira, pero ya antes habían tenido altercados importantes al margen de la campaña contra ellos desatada por las declaraciones de Lennon acerca de que eran más famosos que Jesucristo. En un vuelo de Hamburgo a Tokio un tifón les obligó a realizar un aterrizaje forzoso en Anchorage, Alaska. En Manila, un malentendido con la esposa del dictador Marcos les hizo salir con urgencia del país, amenazados de muerte, siendo incluso agredidos por los empleados del aeropuerto. En aquel vuelo se tomó la decisión de acabar con las giras. Existía además la convicción de que era imposible recrear en vivo lo que conseguían en los estudios de grabación.

El concierto celebrado en el Candlestick Park de San Francisco el 29 de agosto de 1966 fue el canto del cisne. Durante meses estuvie-

Sgt. Pepper's

ron separados. En ellos, John conoció a Yoko Ono. Cuando Brian Epstein los llamó al orden, volvieron a trabajar y, con mucha más paciencia, dieron forma al LP más importante de la historia: *Sgt. Pepper's lonely hearts club band*. El disco se editó el 1 de junio de 1967 y todo en él acabó siendo mítico, desde la portada hasta su historia. El disco costó 40.000 libras, todo un récord, fue número 1 durante 22 semanas y pasó 45 en el *ranking* británico.

Muy poco después de editarse el LP, el 25 de junio, un programa de televisión fue visto por primera vez en todo el mundo al mismo tiempo. Nacía Our world. La Tierra al alcance de todos. Cada país dispuso de 3 minutos para mostrar algo muy suyo. Inglaterra llevó las cámaras a los estudios de grabación donde los Beatles registraban el tema compuesto para la ocasión: «All you need is love». Estaban en la cumbre. Y, de pronto, la muerte de Brian Epstein el 27 de agosto lo cambió todo.

Stones en la cárcel y Dylan resucitado

Al verano de 1967 se le llamó «el verano del amor». Con los *hippies* y sus flores, el «buen rollo» de la música, *Sgt. Pepper's* en la cima y el pop en su esplendor, Londres era una fiesta. Y lo mismo San Francisco, pese a la guerra de Vietnam. En ese verano de colores, sin embargo, no faltaron manchas.

La presencia de las drogas era cada vez más frecuente entre los jóvenes, sobre todo desde la aparición de la psicodelia y la implantación del LSD. Había que empezar a dar escarmientos. Los Beatles (miembros de la Orden del Imperio Británico) eran intocables. Los Stones no. El 10 de mayo eran detenidos Mick Jagger, Keith Richards y Brian Jones. Acabaron en la cárcel y se les hizo juicios rápidos. Mick Jagger fue declarado culpable de tener cuatro tabletas de benzedrina con sulfato de anfetamina y metilanfetamina hidroclórica. Esto en Italia era una medicina legal. En Inglaterra lo mandaron a prisión tres meses. Lo mismo sucedió con Richards por posesión de *cannabis*. Su sentencia fue de un año. Brian Jones, frágil, ya con mala salud, sufrió un colapso en el juicio tras ser sentenciado a nueve meses que luego le conmutaron por tres años de libertad vigilada. Acabó en un hospital.

Los Stones no pasaron mucho tiempo encerrados. Les habían dado una «lección». Fueron puestos en libertad «por insuficiencia de pruebas», pero el juez le dijo a Jagger que era «un espejo para la juventud y que tenía que ser un ejemplo». Las consecuencias de todo aquello fueron: en 1969 Brian Jones dejó el grupo. Menos de un mes después se ahogaba en su piscina tras una dosis de salbutamol.

Con los Stones presos, el pop en pie de guerra y máxima alerta, los Who grabaron un single reivindicativo, y al salir aquellos hicieron una canción de agradecimiento a los fans, «We love you», en la que se oían las cadenas carcelarias.

Al otro lado del Atlántico, en los Estados Unidos, Bob Dylan salía de su silencio de meses tras aquel desgraciado accidente de moto y se encerraba con los miembros de la Band para ensayar nuevas canciones. Así nacía otra leyenda del rock, las famosas «cintas del sótano», ocultas durante ocho años y perseguidas por los fans. Bob no reaparecería hasta 1968.

Luces de 1967

En Inglaterra el verano del amor trajo consigo el canto del cisne del pop. Fue tan brillante que en 1968 ya nada pudo superarlo y ese año marcó la transición hacia el cambio que supuso 1969. No solo fue la música la que tocó el cielo, también lo fue la moda. De pronto las jóvenes se acortaron las faldas hasta por encima de las rodillas y nació la minifalda, «inventada» por una diseñadora inglesa llamada Mary Quant. Su definición fue «la moda se hace para el tiempo en que se vive, no para la edad de quien ha de llevarla». De la minifalda pasó a los vestidos de plástico, de metal, al maquillaje... Pop Art en estado puro.

El pop sinfónico de los Moody Blues, los Procol Harum y los

Nice (con Keith Emerson), la virulencia de Jimi Hendrix y la Cream, la fascinante combinación de Brian Auger y Julie Driscoll, el blues rock de Ten Years After (con su salvaje guitarra Alvin Lee), la aparición de Cat Stevens, Traffic o los Bee Gees... Una infinidad de grupos saturó el panorama musical convirtiéndolo en un vivero de éxitos. Las canciones se peleaban por escalar puestos en las listas y se crearon poderosos himnos convertidos en referentes de aquel tiempo, «Silence is golden» (los Tremeloes), «Everlasting love» (Love Affair), «Let's go to San Francisco» (Flower Pot Men), «Half as nice» (Amen Corner), «Baby now that I've found you» (los Foundations), «Sabre dance» (Love Sculpture) y dos docenas más.

Traffic era el nuevo grupo de Steve Winwood tras abandonar Spencer Davis Group. Un salto hacia la excelencia comandado junto a Jim Capaldi, Dave Mason y Chris Wood, casi otro supergrupo como ya lo era Cream. Cat Stevens era compositor, pero, con una voz muy peculiar, acabó cantando sus propios temas y se convirtió en el solista de la intimidad. Los Bee Gees eran ingleses, pero los hermanos Gibb (Barry, Robin y Maurice) habían vivido en Australia desde niños. Convertidos allí en el grupo más popular, regresaron a Inglaterra. La primera etapa de su carrera (más tarde se reciclaron a finales de los setenta como grupo de referencia en la explosión de las discotecas) se coronó con algunas de las más bellas canciones de estos años, como «Massachusetts» y «I've gotta get a message to you».

Quedaba la psicodelia, pero de eso hablaremos después.

Monterrey

El primer gran festival hippy que acaparó la atención del mundo fue el de Monterrey, California, celebrado los días 16, 17 y 18 de junio de 1967 bajo el lema «Music, love and flowers» / Monterey International Pop Music Festival. Lo que sucedió allí fue mágico. Tenía que ser un evento más o menos grande, pero se desbordó por el número de artistas reunidos y por el afán de la gente por verlos. 50.000 personas superaron el aforo inicial y muchas escucharon la música al otro lado del recinto. Fue un festival benéfico y presidido por el signo de la paz. Algo así como la mayoría de edad hippy.

Monterrey vio nacer a grandes estrellas y consolidó a otras. Hubo rock, pop, folk rock, blues y también música oriental. Los Beatles ya la habían introducido de la mano de George Harrison, que puso de moda al gran genio del sitar hindú Ravi Shankar. El sitar es un instrumento complejo, parecido a una guitarra, cuyos orígenes se remontan al siglo XII. Tiene 6 o 7 cuerdas principales y entre 11 y 13 auxiliares que vibran por simpatía, así como dos cajas de resonancia. Tocarlo es muy difícil. George Harrison lo llevó a los Beatles y Brian Jones a los Stones. La presencia de Shankar en Monterrey fue un hito.

El Festival de Monterrey fue filmado por D. A. Pennebaker, y gracias a ello pueden verse hoy sus impagables escenas. Para Janis Joplin fue el debut mayoritario y consagrador. Jimi Hendrix regresaba a los Estados Unidos y quemaba su guitarra en el escenario. Otis Redding ponía la gota soul antes de morir seis meses después. Los Who estaban a punto de editar *Tommy*, los Grateful Dead se revelaron como banda y hubo debuts como el de Laura Nyro o confirmaciones como las de Moby Grape, Canned Heat, los Electric Flag, Booker T. and the MG's, Country Joe and the Fish, Johnny Rivers, los Association o Quicksilver Messenger Service. Otros no hicieron más que reafirmar su peso: Simon and Garfunkel, los Byrds, Buffalo Springfield, los Mamas and the Papas o Eric Burdon, que, adelantado a su tiempo, editó el LP *Winds of change* (Vientos de cambio) y, poco después, rindió tributo al festival con «Monterey».

Cohen y la América de 1967

En los Estados Unidos no hubo «verano del amor», pero sí los mismos ecos, presididos por el éxito de Monterrey. Seguía la guerra de Vietnam, la sangría de muertos por un lado y deserciones por el otro, y la euforia hippy, convertida ya en moda a todos los niveles.

Dylan estaba solo en su trono de poeta y cantante hasta que en 1967 apareció la figura del canadiense Leonard Cohen. Nacido en 1934, publicó su primer libro de poemas en 1956 y, tras dos novelas editadas en los años sesenta, se animó a cantar sus poemas con la guitarra después de que Judy Collins triunfara con su canción «Suzanne». Cohen fue el antiartista. Grabó siempre por necesidad propia, no de mercado, y, autodefinido como un soldado, impregnó sus letras y su música de una profundidad no exenta de amargura que él interpretaba con su voz áspera y grave, muy apartada de lo habitual. Melancolía, amor, desamor, soledad y filosofía existencial envueltas en puras armonías vocales e instrumentales.

Cohen se convirtió en un referente desde su primer disco, editado ya a comienzos de 1968, pero la música americana bebía ya de otras fuentes, unas muy avanzadas y otras claramente comerciales. Canned Heat fueron descubiertos en Monterrey. Su tema «On the road again» fue su estandarte. Lo mismo los viscerales Vanilla Fudge, con su sonido oscuro y «You keep me hangin' on» como pieza estelar. Mike Bloomfield, uno de los pioneros del blues blanco, dejó la Paul Butterfield Blues Band y formó los Electric Flag, pero pasó a la historia poco después al grabar con Al Kooper dos de los discos en vivo pioneros de la historia: *Supersession* y *The live adventures of Mike Bloomfield and Al Kooper*. Por no faltar, no faltó el genio del jazz más importante del momento, el trompetista Miles Davis, aportando su grano de arena a la revolución sónica que se estaba gestando y al vanguardismo que imperaría desde 1969. Nacido en 1926 y heredero de Charlie Parker, con el que tocó, formó un triunvirato esencial junto a Ornette Coleman y John Coltrane. Parker había roto todos los parámetros del jazz, haciendo de la palabra *free* (libertad) su máxima. Su prematura muerte, a los treinta y cinco años, quebró el asombro que producía. Miles Davis se ocupó del relevo. Editó un primer disco en 1945 y tres años después creó un nuevo tipo de orquestaciones y arreglos que lo cambiaron todo en el jazz.

Leonard Cohen

Primero tocó con Thelonious Monk, Charlie Mingus, John Coltrane y Milt Jackson, pero después por su banda pasaron los músicos que marcaron el rock progresivo de los setenta: John McLaughlin (Mahavishnu Orchestra), Wayne Shorter y Joe Zawinul (Weather Report), Chick Corea (Return to Forever), Keith Jarrett, Airto Moreira, Herbie Hancock, Bill Cobham o Lenny White, entre muchos otros. La discografía vanguardista de Miles Davis tendría tres LP básicos: *Sketches of Spain*, *Bitches brew*, *Live-Evil In concert*.

Junto a esta vanguardia, no faltaron, como en Inglaterra, los éxitos esporádicos que iluminaron la música y que en 1967 fueron los Box Tops («The letter»), el introductor del reggae Jimmy Cliff («Wonderful world, beautiful people»), los llamados hippies negros Chambers Brothers («I can't turn you loose»), Gary Puckett and The Union Gap («Woman, woman») o John Fred and his Playboy Band («Judy in disguise»). Muestra del auge del rock fue la aparición de una revista básica: *Rolling Stone*, fundada por Jann Wenner. Las únicas del mercado por entonces eran *Billboard* y *Cashbox*, que publicaban las listas de éxitos y las certificaciones de la RIAA (Recording Industry Association of America) para otorgar los discos de oro a los que superaban el millón de copias.

Capítulo 12
La psicodelia

Música para los sentidos

La parafernalia que envolvía los conciertos del entorno *hippy*, con luces estroboscópicas, luces negras, técnicas láser, *spot lights*, proyecciones de colores y fascinantes desarrollos musicales con temas de larga instrumentación, favoreció que, en paralelo, surgieran grupos identificados con estas nuevas formas de conciertos y mucho más allá de la esfera hippy, tan visuales como auditivos. En Londres el fenómeno tuvo un hondo calado desde finales de 1966 y se prolongó a lo largo de 1967. Las radios piratas fueron las primeras que desataron el fervor por la psicodelia. Uno de los programas favoritos era *Perfumed garden* (El jardín perfumado), de John Peel. Las primeras bandas psicodélicas también tuvieron sus propios centros de

culto. El primer club de relieve fue el UFO, siglas de *unidentified flying object* (OVNI en castellano), pero que en este caso equivalían a *underground freak out* (marginados subterráneos). Y es que la psicodelia fue marginal en sus comienzos. El UFO organizó el primer concierto de música psicodélica el 29 de abril de 1967 en el Alexander Palace de Londres, y en él ya actuaron como nuevos grupos Pink Floyd y Soft Machine además de una artista japonesa experta en *happenings* llamada Yoko Ono. También se editó una revista que hablaba del fenómeno, IT (*International Times*).

Como fenómeno, el psicodelismo fue breve. Apenas un año y medio. Pero aportó una de las bandas más grandes de la historia, Pink Floyd, y uno de los grupos más vanguardistas de su tiempo, Soft Machine, con Robert Wyatt, Hugh Hopper, Elton Dean y Mike Ratledge en la formación más importante, aunque al comienzo en ellos había militado un músico inquieto y diletante: Kevin Ayers.

En plena diatriba sobre las drogas, después de que los Beatles admitieran haber tomado LSD o de que tres de los Stones acabaran en la cárcel, la relación música-drogas (y más si era música para los sentidos) llegó a lo más alto. Los mismos Beatles pagaron una página de publicidad en el *Times* para explicar qué era droga y qué no, qué tipos se consideraban peligrosos y cuáles inocuos. Quisieron demostrar que la marihuana no era más peligrosa que el alcohol o el tabaco, y esto se tomó como un desafío a las autoridades adultas, que también les pusieron en el punto de mira.

Pink Floyd

Cuando el término «psicodelia» no existía aún, la prensa británica definió el nuevo género como rock progresivo. Incluso en sus primeros días, Pink Floyd estuvo considerado un grupo de rhythm and blues. Las etiquetas saltaban por los aires con cada giro y cada nueva corriente en un momento en que proliferaban como las setas, algo que se mantuvo hasta 1973.

Pink Floyd

Pink Floyd fue formado por tres estudiantes de arquitectura del Regent Street Polytechnic, Roger Waters, Richard Wright y Nick Mason. Se consolidaron cuando se les unió un genio musical llamado Syd Barrett, inclasificable y visionario. Él cambió su orientación y les bautizó con su nombre definitivo, tomado de dos *bluesmen* de Georgia, Pink Anderson y Floyd Council. De todas formas, Pink Floyd (Fluido Rosa) calificaba bien su música. El cuarteto frecuentó clubs y festivales como el Spontaneous Underground, y rápidamente dio que hablar. Fueron estrellas del UFO y sus experimentos con el *feedback* y la electrónica, con atmósferas densas y envolventes, les situaron rápidamente en la cima de las nuevas bandas «progresivas». Debutaron discográficamente en 1967 y llegaron a tocar con Cream y Jimi Hendrix. Todo un espaldarazo. Por desgracia, al poco de editarse su primer LP, Syd Barrett tocó fondo. Sus escarceos con las drogas y su frágil moral le hundieron. Entró David Gilmour a la guitarra y durante un breve lapso fueron cinco, hasta que Syd tuvo que apartarse definitivamente. Los veinte años siguientes fue una de las leyendas vivas (y malditas) más relevantes del rock. A partir de finales de los sesenta Pink Floyd hizo discos memorables, como *Ummagumma*, *Atom heart mother* o el más vendido de su tiempo, *The dark side of the moon* (tres años en el *ranking* USA, récord de permanencia en el top 100 con 736 semanas hasta 1988, y 294 semanas en el británico). Como colofón, grabaron el doble LP *The wall* (El muro), una de las óperas rock más importantes en las siguientes décadas, llevada al cine y al teatro.

Europa y el resto del mundo

¿Qué pasaba en Europa mientras tanto?

España vivía bajo el peso de la dictadura, los discos llegaban tarde y, en muchos casos, censurados (lo mismo que las portadas). Hasta casi la muerte de Franco no hubo conciertos de grupos ingleses o americanos. Lo más importante a nivel nacional había aparecido con la canción protesta, cuando decenas de cantautores inundaron el panorama, después de que en los sesenta proliferaran los grupos pop en muchos casos versionando los éxitos foráneos. Francia seguía endogámica, con un mercado propio y una suerte de buenas estrellas que lo mantenía. Italia, por su parte, se volcaba en los festivales de la canción, como el de San Remo. Pese a todo, en cada país se desarrolló una conciencia propia que llegaría a su máxima fuerza a mitad de los años setenta. La Europa del Mercado Común fue también la Europa de las nuevas oportunidades, como se verá más adelante.

En España a lo máximo que se llegó en plena explosión del rock and roll fue a celebrar los famosos guateques, pequeñas fiestas en las casas en las que, como mucho, se conseguía poner un pañuelo rojo en la bombilla y bailar apretados. El rock and roll no cuajó como sí lo hicieron los Beatles. Hubo una copia de Sinatra, José Guardiola; un gran dúo en la estela de los Everly Brothers, el Dúo Dinámico; y grupos pop como los Mustang, los Sírex, los Salvajes, los Lone Star, los Pekenikes, los Gatos Negros, los Bravos, los Brincos, los Módulos, los Ángeles, los Pasos, los Canarios, los Pop-Tops, Mocedades y más, hasta solistas como Mike Ríos (luego Miguel Ríos) o Tony Ronald. El *Gran Musical*, de la Cadena SER, era el programa de radio por antonomasia. La *cançó* catalana (reivindicación de la idiosincrasia catalana y más en su lucha soterrada contra el franquismo) aportó a los artistas más notables, caso de Joan Manuel Serrat, Lluís Llach, Raimon, Ovidi Montllor, Pi de la Serra o Maria del Mar Bonet. En el resto del país destacaron Luis Eduardo Aute, Paco Ibáñez, Víctor Manuel, Mari Trini, Raphael, Julio Iglesias, Camilo Sesto, Nino Bravo o Massiel. A finales de los años sesenta Cataluña dio los mejores frutos con bandas de gran calado, pero circunscritas al ámbito local, Màquina!, Música Urbana, Fusioon, Iceberg y más tarde Pegasus, los más internacionales. Con el rock sureño, Smash primero o Triana después, se dio un pequeño salto cualitativo. Los Bravos con «Black is black» y Miguel Ríos con «Himno a la alegría» fueron los casos aislados que destacaron internacionalmente.

En Francia había una revista, *Salut les copains*, y un muy notable culto al ídolo patrio. Johnny Hallyday fue el primer rockero galo.

Le siguieron sobre todo cantantes, ningún grupo: Sylvie Vartan, Françoise Hardy, Eddie Mitchell, Sheila, Richard Anthony, Marie Laforet en la primera oleada, y en la segunda: Salvatare Adamo, Michel Polnareff, Jacques Dutronc, Mireille Mathieu, France Gall, Hervé Villard... Solo en 1969 el dúo formado por Jane Birkin y Serge Gaingsbourg logró un n° 1 internacional con «Je t'aime... moi non plus», la primera canción erótica de la historia. En cambio Francia tuvo un gran peso en la canción de autor, con Georges Brassens, Jacques Brel, Serge Reggiani, Léo Ferré, Gilbert Bécaud o Georges Moustaki, todos ellos presididos por la reina Édith Piaf. En lo que sí destacó Francia fue en dar grandes directores de orquesta y compositores que triunfaron en Hollywood haciendo bandas sonoras de películas.

En Italia la locura era el Festival de San Remo. Si detrás de cada cantante había un tenor o una soprano, por el pasado clásico del país, las competiciones en festivales de la canción eran el furor de los años cincuenta y sesenta. Era tal la importancia de San Remo que en 1967 Luigi Tenco se suicidó cuando su canción no pasó a la final del certamen de ese año. El país se paralizaba los días del festival, había peleas entre los partidarios de uno u otro cantante. No se era nada en la música italiana sin haber ganado o destacado en San Remo. Lo mismo que en Francia, no hubo grandes grupos porque precisamente San Remo no los admitía, pero sí solistas de mucho peso, incluso internacional: Domenico Modugno, Claudio Villa, Luciano Tajoli, Al Bano, Massimo Ranieri, Nicola di Bari, Pino Donaggio, Jimmy Fontana o Adriano Celentano entre los hombres, y Rita Pavone, Mina, Milva, Patty Pravo, Gigliola Cinquetti, Ornella Vanoni o Iva Zanicchi, entre las mujeres. Los escasos grupos que brillaron fueron los New Trolls, Ricchi e Poveri, Pooh... hasta que en los setenta el rock progresivo pondría en el candelero a los grandes Premiata Forneria Marconi, Banco del Mutuo Soccorso y otros.

Y es que, ya en los setenta, sobre todo a partir de la ampliación del Mercado Común Europeo, Europa cambio y comenzó la globalización completa de la música, entrando en liza países como Alemania, Holanda o Suecia.

Capítulo 13
El camino del vanguardismo

1968, el año del trasvase

Después de un 1967 presidido por el brillo de *Sgt. Pepper's* y el fulgor del verano del amor en Inglaterra o el Festival de Monterrey en los Estados Unidos, 1968 vio el fin del pop y la música tomó impulso para llegar a su momento cumbre, la etapa que va de 1969 a 1973, donde todo, todo, todo fue posible.

A nivel político, varios sucesos sacudieron el mundo y lo cambiaron. De entrada los asesinatos de Martin Luther King y de Robert Kennedy en los Estados Unidos y el Mayo del 68 en Francia. El líder negro dejó huérfano el movimiento en pro de los derechos civiles, pero este era ya imparable en aquellos momentos. La muerte del que, casi seguramente, hubiera sido el nuevo presidente del país, marcó un giro que provocó la llegada de Richard Nixon, republicano, que recrudeció la guerra de Vietnam hasta los bombardeos masivos de comienzos de los setenta. Nixon no solo resultó decisivo en su país (escándalo Watergate) o en Vietnam (la guerra se prolongó muchos más años), también en el exterior financió el golpe de Estado de Chile en 1973. En Francia, las revueltas estudiantiles de mayo cambiaron el perfil social del país primero y de Europa después. El mundo seguía cambiando. Las pintadas que mejor definían lo que estaba en juego eran las que decían: «La imaginación al poder» o «Seamos realistas: pide lo imposible».

No fueron los únicos sucesos de profundo calado internacional. En México se producía la matanza de la plaza de las Tres Culturas, cuando la policía disparó sobre una manifestación de estudiantes poco antes de los Juegos Olímpicos, y en Checoslovaquia, después de la llamada «Primavera de Praga» en la que se intentó alumbrar un socialismo de rostro humano, los tanques rusos acallaron todo intento de libertad y cambio. Incluso en el cine hubo un hito que nos adentró en el futuro: Stanley Kubrick estrenó la revolucionaria *2001: Una odisea del espacio*.

A nivel musical apareció la primera gran ópera rock, *Hair*; Elvis Presley se cansó de hacer películas de poca calidad y volvió a los escenarios; Bob Dylan también reapareció después de su silencio tras el accidente de moto.

Muchos grupos que habían alcanzado el éxito entre 1964 y 1968 desaparecieron. Con una vida media o máxima de cinco años, o estaban agotados o sus líderes los veían en vía muerta. Así, esos líderes optaron de cara a 1969 por crear nuevas bandas o unirse entre ellos formando supergrupos. Las nuevas tecnologías también ayudaron. Las grabaciones eran cada vez mejores y los instrumentos progresaban. La aparición del mellotrón (antesala del sintetizador) fue espectacular. Que un aparato compuesto de teclado y conexiones fuera capaz de reproducir cualquier sonido, y que, además, pudiera programarse y sonar después como una docena de instrumentos más, representó una revolución.

Otro punto significativo para marcar el fin del pop fue la fuga de talentos a los Estados Unidos. En primer lugar, un éxito en América significaba vender diez veces más que en Inglaterra. Pero un factor aún más importante fue el pago de impuestos. Gran Bretaña se quedaba el 83 por ciento de los ingresos de sus artistas. Muchos consideraron que esto era abusivo y les obligaba a grabar y actuar sin parar, sin siquiera poderse tomar un año de descanso.

Por último, queda mencionar los formatos de reproducción discográfica. El single seguía siendo ideal para las canciones y para que el público tuviera el tema que le gustaba, pero con *Sgt. Pepper's* (los Beatles) o *Pet sounds* (los Beach Boys) empezó a fraguarse el «álbum concepto», es decir, el LP como una unidad del que muchos no querían extrapolar single alguno. La música crecía y se hacía ambiciosa. Muy pronto aparecerían LP con un solo tema por cara, como *In-a-gadda-da-vida*, de Iron Butterfly (17 minutos), y los Who lanzarían su emblemático *Tommy*.

Electrónica al poder

Desde el comienzo del pop, los grupos tenían cuatro o cinco miembros (dependiendo de si el cantante tocaba o no algún instrumento). Cream fue una de las primeras grandes excepciones como trío, y también la Jimi Hendrix Experience. En este contexto, la incorporación de los teclados fue lenta. O bien el líder de la banda era un teclista (Brian Auger, Steve Winwood en Spencer Davis Group o Gary Brooker en Procol Harum) o lo que primaba era la clásica combinación guitarras-bajo-batería. Esto cambió con la aparición del mellotrón, que rápidamente dejó de llamarse así para adoptar el nombre más corriente de sintetizador. Su creador se llamaba Robert Moog.

El sintetizador era (y ha seguido siendo) un órgano con un infinito número de combinaciones electrónicas y sonidos artificiales manejados a través de un panel de mandos, o un programador si se trata de almacenar sonidos para liberarlos después. Poco a poco se aplicó también a una guitarra o una batería, muestra de su rápida progresión. Dos ingenieros que trabajaban para la RCA, Olson y Bear, fueron los pioneros ya en 1955, pero el impulsor definitivo fue Robert Moog, ingeniero electrónico nacido en 1934. Fue pianista pero los estudios de ingeniería y electrónica lo derivaron hacia el campo de la investigación. Junto a Herbert Deutsch creó el mellotrón, con un sonido clásico y programación con cintas. Robert Fripp, de King Crimson, fue de los primeros en aceptarlo. A partir de 1969 se convirtió en indispensable para las nuevas bandas progresivas, como Emerson, Lake and Palmer, Yes, Pink Floyd o Genesis. Para Keith Emerson diseñó el minimoog. En contrapartida, había grupos, caso de Queen ya en la primera mitad de los setenta, que en sus LP mencionaban: «disco grabado sin el uso de sintetizadores», para que la gente valorara su pericia instrumental y admirara la calidad de las grabaciones.

Led Zeppelin

Con el fin del pop y la alegría de la música de mitad de los sesenta, al menos a nivel mayoritario, lo que volvió a dominar el panorama fue el rock, puro y energético. Empezó a acuñarse primero el término hard (duro) y casi de inmediato el término heavy (pesado). No es extraño que el gran grupo que dominaría el panorama en la siguiente década, Led Zeppelin, se formara a finales de 1968.

Jimmy Page había liderado los Yardbirds y era junto con Eric Clapton y Jimi Hendrix el guitarra más famoso de Inglaterra (y ya prácticamente del mundo). También era productor y había tocado en innumerables sesiones para otros cantantes (esas grabaciones, decenas, fueron durante años las más buscadas por los coleccionistas; a mitad de los sesenta, en 8 temas del top 10 británico intervenía él, todo un hito). Hijo de una secretaria y un médico, compró su primera Les Paul por 200 libras. Con el dinero ganado como músico de grabaciones formó su propia discográfica, pero no tuvo éxito. Su primer single como solista, con diecinueve años, fracasó.

Led Zeppelin

Pero ya en Yardbirds su potencial se hizo manifiesto y en verano de 1968 llegó la hora del cambio. Primero quiso crear los New Yardbirds, pero pronto se olvidó de ese nombre. Cuando llamó a otro músico de sesión, el bajista John Paul Jones, y aparecieron John Bonham (batería) y Robert Plant (cantante), procedentes de una oscura banda llamada Band of Joy, se completó la más poderosa formación rockera de los años setenta. Única e inigualable. El poder de su sonido hizo que Keith Moon, batería de los Who, los bautizara como Lead Zeppelin (zepelín de plomo). Luego se quedaron con Led Zeppelin y con este nombre debutaron el 15 de octubre de 1968. A los pocos días Atlantic Records les ofrecía un contrato de 200.000 dólares, una cifra alucinante para un grupo nuevo.

Hay un antes y un después de Led Zeppelin. Los Beatles cantaban 30 minutos como estrellas de un paquete artístico formado por media docena de artistas. Led Zeppelin empezó a dar *shows* de tres y cuatro horas, descargando una catarata decibélica absoluta. Por encima de otras bandas gloriosas, ellos marcaron la década de los setenta con sus discos, su éxito y sus récords. En los años ochenta, además de los Beatles, era el único grupo que tenía todos sus LP entre los 100 más vendidos del *ranking* USA.

El primer LP, *Led Zeppelin I*, cambió la música. El segundo, *Led Zeppelin II*, llegó a número 1 directamente y pasó cuatro años en las listas. Ellos no querían editar singles, pero en los Estados Unidos se extrajo el tema «Whole lotta love» del álbum y se convirtió en su bandera. Más tarde llegaría «Stairway to Heaven», convertido en un himno del rock. Solo en 1969 Led Zeppelin vendió 5 millones de discos y sus giras americanas fueron un monstruo. A Page se le llamó el Andrés Segovia del rock y el paganini de los setenta. La quinta gira americana generó tanta violencia que ellos mismos reconocieron que no podían controlar la reacción de los fans ante su música. La sexta gira americana fue bautizada como «el mayor acontecimiento en vivo desde los Beatles». Todo era gigantesco. La imagen de Page tocando su Gibson de doble cuello o la de Plant cantando con el torso desnudo se hicieron icónicas. En el Tampa Stadium, Florida, batieron el récord de los Beatles de asistencia a un concierto, con 56.800 personas. Pero ese récord lo batirían ellos varias veces más. Su documental *The song remains the same*, otro acontecimiento, se rodó en 1973 antes de que llegara la crisis del petróleo.

Led Zeppelin generó más noticias que ninguna otra banda en su tiempo. Volaban en un avión convertido en hotel de lujo, eran portada de revistas de todo tipo, incluso de economía, crearon su propia compañía, Swan Song Records, y sus *shows* (con solos de 20 minutos por cabeza) atraparon a una generación dejando huella en las siguientes. Todo esto acabó el 25 de septiembre de 1980, con la muerte de John Bonham.

Rock y (casi) solo rock

Comenzaron a proliferar las bandas con marcada presencia rockera en su sonido. Steppenwolf aportó otro himno generacional, «Born to be wild» (Nacido para ser salvaje). Iron Butterfly hizo su memorable «In-a-gadda-da-vida» de 17 minutos. El alud de nuevos rockeros de éxito a ambos lados del Atlántico a partir de 1968 fue extenso. Status Quo fue una de las bandas inglesas más importantes y su carisma habría de mantenerse durante las siguientes tres décadas con un enorme alud de buenas canciones rockeras, iniciada con «Pictures of matchstick men» hasta el gran «Rockin' all over the world». El movimiento Canterbury sound creció con Caravan. Family, Van der Graaf Generator, los Scaffold y Man fueron grupos notables, lo mismo que Ralph McTell («Streets of London»), Johnny Rivers («Ode to John Lee Hooker»), Boz Scaggs, Glen Campbell, Richie Havens o Arlo Guthrie (hijo de Woody Guthrie) lo fueron entre los solistas ingleses o americanos. Hubo más grupos de distinto signo, Sly and the Family Stone (creadores del soul psicodélico), los Flamin' Groovies (etiquetados como «malditos»), los comerciales Equals («Baby, come back»), los Flying Burrito Brothers (country rock con el talento de Gram Parsons al frente), Spirit, etc. Tampoco es que todo fuera rock. El primer lanzamiento de Apple Records, la discográfica de los Beatles, fue Mary Hopkin, una cantante todavía con estética sesentera, y otro de los artistas más personales resultó ser el cantante y guitarra ciego José Feliciano, nada rockero precisamente. Por fin, otro de los grandes de la historia, Joe Cocker, alumbró primero una excelsa versión del hit Beatle «With a little help from my friends» para sellar luego una larga carrera ininterrumpida hasta su muerte. Su voz arenosa, personal, y su figura sobre el escenario (con movimientos desgarrados) impactaron. El fin de los grupos pop liberó a futuras estrellas como el cantante de Them, Van Morrison.

Los primeros grandes conjuntos de la transición emergieron a lo largo de 1968 para empezar a triunfar casi de inmediato, camino de 1969. La Band, el grupo que había estado con Bob Dylan en su resurrección tras el accidente de moto, y que le acompañaría en su regreso a los escenarios años después, aportó temas del calibre de «The weight». La importancia de la Band se manifiesta sobre todo en el documental realizado por Martin Scorsese de su concierto de despedida, The last waltz. Otro grupo que llenó de energía y vitalidad la música del cambio de década fue Creedence Clearwater Revival, con John Fogerty a la cabeza. Durante cuatro años convirtieron en oro todos sus temas, comenzando por «Suzie Q».

El rock y el blues aportarían grandes figuras, empezando por Fleetwood Mac. Fue el primer grupo que utilizó tres guitarras solistas, con Peter Green al frente, y su gran éxito fue «Albatross». Lo extraordinario de la banda fue su segunda vida desde 1975, cuando sus dos artífices supervivientes, John McVie y Mick Fleetwood, emigraron a los Estados Unidos. Los reencontraremos más adelante. Ten Years After contó con el tremendismo guitarrero de Alvin Lee, posiblemente uno de los más rápidos de la historia, como demostró en su potente «I'm going home». Otras bandas de rock y blues fueron Savoy Brown o la Climax Blues Band. Andy Fraser, un ex Bluesbreaker, el grupo de John Mayall, formó Free. Arrasaron poco después con «All right now». Fraser tenía solo dieciséis años en 1968 y el cantante, Paul Rodgers, diecinueve.

Que las bandas ya no se centraran en la guitarra como instrumento clave lo demuestra Jethro Tull. Su líder, el muy personal Ian

Anderson, tocaba la flauta. Su debut en 1968 fue seguido por varias décadas de éxito, con especial relieve para sus álbumes *Aqualung* y *Thick as a brick*, dos obras conceptuales extraordinarias.

En Inglaterra llegó una segunda oleada de folk rock de gran relieve, liderada por grupos como Fairport Convention y Pentangle. Los primeros tenían a la cantante Sandy Denny como estrella. Consagrada como la mejor solista de su tiempo en Gran Bretaña, formó otro grupo, Fotheringay, antes de morir al caerse por las escaleras de su casa. Pentangle por su parte contó con varios guitarras notables, John Renbourn y Bert Jansch entre ellos. Ambos grupos abrieron el camino a una buena serie de solistas y bandas, Lindisfarne, Steeleye Span, etc.

Al otro lado del Atlántico, en los Estados Unidos, la moda más comercial la protagonizó el bubble-gum sound (sonido chicle), una música pegajosa, bailable y plenamente pop. De pronto, dos docenas de grupos la tomaron como bandera. Un fenómeno puntual iniciado con los productores Jerry Kasenetz y Jeff Katz, que crearon un sello discográfico en el que despuntaron la 1910 Fruitgum Company, los Ohio Express, los Cowsills y un invento televisivo llamado los Archies, famosos con su tema «Sugar, sugar».

Para cerrar 1968 nada menos que un regreso, el de Elvis Presley. Su última aparición en vivo había sido en un *show* de televisión junto a Frank Sinatra (que inicialmente había despreciado el rock and roll). Cuando se anunció su concierto de vuelta para diciembre de 1968, el mundo pareció volver al orden. Las películas hollywoodenses quedaron atrás. En 1969 Elvis aportaría algunas de sus nuevas grandes canciones al mundo, «In the ghetto» y Suspicious mind. Luego, por desgracia, obeso y nuevamente anquilosado, acabaría en Las Vegas, como una atracción más, con sus trajes blancos de lentejuelas hasta su muerte en 1977.

Hair

Entre el Festival de Monterrey y el de Woodstock, aterrizó la gran ópera rock *hippy*: *Hair*, que instauró el concepto rockero en el mundo escénico.

Se vivía la Era de Acuario, y *Hair* fue su bandera. Lo que hizo la obra fue revolucionario en todos los órdenes. Era la primera vez

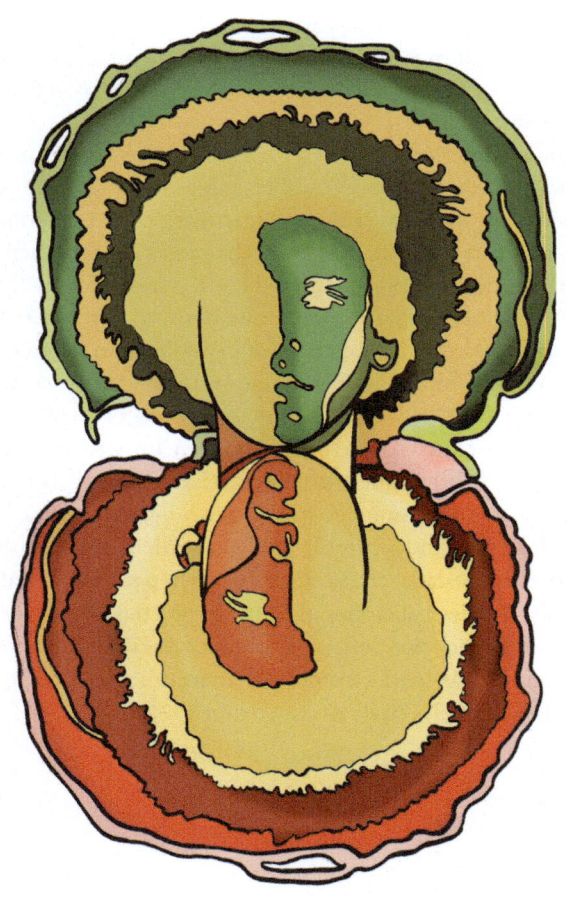

que se veían desnudos integrales en un teatro, pero eso fue solo una anécdota. *Hair* era la fusión de rock, cultura, protesta por la guerra de Vietnam, denuncia, ruptura y teatro. La idea de sus autores, desconocidos hasta el momento, era que el actor pudiera ser en lugar de estar. Querían un teatro libre, sin ataduras, incluso anárquico, en el que, cada noche, pudiera haber cambios, modificando la obra según las circunstancias del momento. Esos autores fueron James Rado y Gerome Ragni. El hombre que puso música al sueño de los dos fue Galt MacDermot, cuyo mejor bagaje había sido ganar un premio Grammy como autor de un tema grabado por Cannonball Adderley.

El estreno de *Hair* tuvo lugar en el *off Broadway*, es decir, fuera del circuito de grandes teatros de Nueva York. Se estrenó el 29 de octubre de 1967, pero en primavera de 1968, el 28 de abril, ya pasó a Broadway. Que un mes después estallara el Mayo francés no fue casual. *Hair* resumía mejor que nada el descontento juvenil, la lucha antisistema, las turbulencias de los sesenta y, en contrapartida, celebraba el auge de la música que servía de catarsis mundial. Los protagonistas de *Hair* eran los miembros de una tribu hippy en el momento en que uno de ellos ha de incorporarse a filas para ir a pelear a Vietnam.

Hair batió todos los récords de su tiempo en cuanto a permanencia en cartel (superó a *Show boat* de 1927 y a *Oklahoma!* de 1943). En 1972 ya había 800 versiones grabadas y más de 70 LP con temas de la obra, así como cien singles que los versionaban. Varios artistas llegaron al nº 1 con canciones extraídas de *Hair*, como la 5th Dimension, Oliver, Nina Simone, Three Dog Night, etc. En los setenta y los ochenta era representada en los cinco continentes. Su legado fue claro: los Who presentaron el doble LP con *Tommy* a los siete meses de haberse estrenado *Hair*, y poco después irrumpiría el autor de los más grandes éxitos de la ópera rock y el teatro musical de las siguientes décadas: Andrew Lloyd Weber (*Jesus Christ Superstar*, *Evita*, *The Phantom of the Opera* y un largo etcétera).

capítulo 14
La era dorada del rock

Cinco años de gloria

La historia de la música rock tiene entre 1969 y 1973 su periodo de máximo esplendor. Fue un tiempo de magia en el que todo, absolutamente todo, concurrió y coincidió para hacer de esos cinco años los más gigantescos, con un alud de artistas incomparable y un sinfín de discos gloriosos. Todas las tendencias se manifestaron y multiplicaron hasta llevar el sonido a límites desconocidos poco antes y la música a su techo de 1972, cuando llegó en ingresos al n° 1 de los medios de entretenimiento en los Estados Unidos, superando al cine y la televisión, considerados inalcanzables hasta entonces.

Por un lado, las cada vez mejores tecnologías de grabación; por el otro, el afán de los artistas por fusionar el rock con todo lo demás, y, finalmente, la dinámica creativa de unos años en los que todo era posible gracias también a un mercado ávido y unas compañías discográficas que apostaron por todo sin reparos. Las nuevas fronteras del rock abarcaron la vanguardia, el jazz, el sinfonismo, la música latina, y potenciaron las fórmulas ya existentes, como el blues. También despertaron nuevos ritmos étnicos, como el reggae. Y con el glam rock se llegó a la fusión de los sexos sin etiquetas. La mayoría de grandes artistas que dominaron los setenta, los ochenta, los noventa… y llegaron al siglo XXI (caso de Bruce Springsteen) surgieron de estos años. Fue también el tiempo de los grandes festivales, con Woodstock primero y los dos de Wight después.

Para etiquetar todo esto, aparecieron diversos nombres, música progresiva, vanguardismo o underground (subterráneo). Esta fue sin duda la etiqueta más utilizada. A comienzos de los setenta muchos discos salían al mercado con la pegatina «Underground» en la portada, y en todo el mundo. Al final, cualquier disco que apuntara a una nueva tendencia era underground.

Todo eso mientras, el 20 de julio de 1969, el ser humano ponía un pie en la Luna.

Hard rock and heavy metal

Con Led Zeppelin como bandera, el rock duro fue uno de los géneros más potentes de esta parte de la historia y, además, llegó para quedarse. Poco importaría que con el tiempo pasara de hard rock a heavy metal, las bandas rockeras armadas con guitarras y poderosas puestas en escena devolvieron el espíritu de la rebeldía a la música creando, además, su propia estética diferencial con el resto de los géneros.

El primer sonido heavy reconocido como tal nació de la guitarra de Link Wray, un indio shawnee nacido en Dunn, Carolina del Norte. Link tocó con artistas como Fats Domino y Ricky Nelson, formó una banda con sus hermanos, sirvió en la Armada y finalmente grabó una canción, «Rumble», en 1954, a los veinticuatro años de edad. El tema pasó desapercibido inicialmente, pero poco a poco llegó a ser disco de oro en 1958. El sonido de Link no gustaba; por eso lo llamaban *heavy*. Tuvo que abandonar la música, pero con los años se convirtió en una leyenda, así que regresó en 1971, cuando ese heavy ya no era pesado sino una tendencia. Link fue el primer músico que distorsionó el sonido a través del amplificador. Los primeros que le imitaron fueron los Kinks. Luego llegaría Led Zeppelin.

Deep Purple también apareció en 1968, con un primer éxito a través del single «Hush». Dos álbumes después, con el quinteto glorioso integrado por Ian Gillan a la voz, Ian Paice a la batería, Ritchie Blackmore a la guitarra, Jon Lord a los teclados y Roger Glover al bajo, asaltarían los cielos. Incluso grabaron un álbum con

Deep Purple

una sinfónica mezclando grupo y orquesta. Los LP *In rock*, *Fireball*, *Machine head* y *Made in Japan* les convirtieron en pura vanguardia y su tema «Smoke on the water», marcado por un riff de guitarra que se convirtió en viral cuando aún no existía esa palabra, en leyenda. La historia de Deep Purple comenzó a sufrir una larga serie de mutaciones a partir de 1973, con cambios y más cambios hasta llegar a tener incluso un hijo bastardo llamado Whitesnake años después, con otra buena carrera a sus espaldas. Ritchie Blackmore también crearía otra banda gloriosa, Rainbow.

Black Sabbath y Uriah Heep siguieron la estela de los Zeppelin y los Purple. En Black Sabbath destacó el cantante Ozzy Osbourne y el guitarra Tony Iommi. Su segundo LP y el single «Paranoid» les llevaron al nº 1. Se mantuvieron una década hasta que Ozzy se lanzó en solitario en 1979. Uriah Heep por su parte contó con el teclista Ken Hensley, el guitarra Mick Box y el cantante David Byron como estrellas. Otros grupos ingleses importantes en este arranque fueron Wishbone Ash (con dos guitarras solistas), Argent (con el exlíder de los Zombies, Rod Argent) y Humble Pie (formado por el líder de Small Faces, Steve Marriott, y el de los Herd, Peter Frampton).

En los Estados Unidos hubo más dispersión, y núcleos de rock duro repartidos por todo el país. MC5 o los Amboy Dukes fueron de los más virulentos. Los primeros llegaron a ser considerados una antesala punk, los segundos contaron con el guitarra Ted Nugent como estrella. Una de las grandes referencias fue Grand Funk Railroad, un trío liderado por el guitarra Mark Farner. Arrasaron con seis álbumes entre 1969 y 1972. Mountain, creados por el exproductor de Cream, Felix Pappalardi, también marcó una breve pauta que acabó convertida en otro supergrupo, West, Bruce and Laing (con Jack Bruce, ex Cream). A partir de 1973 llegaría la explosión de la segunda oleada rockera, con Aerosmith o Kiss en los Estados Unidos, y Judas Priest y Bad Company en Inglaterra.

Jazz rock

Miles Davis ya había llevado el jazz a nuevas fronteras cuando en 1969 se fusionó con el rock, creando un género por el que se colaron un buen montón de grandes músicos pertenecientes a ambas orillas. Uno de los pioneros fue Blood, Sweat and Tears, impulsado por Al Kooper, el mismo que había conducido la electrificación de Dylan tomando parte en la grabación del histórico *Like a rolling stone*. Kooper había fundado el Blues Project en 1965, y en 1968 grabaría un primer y único LP con su nueva banda, Blood, Sweat and Tears. Inquieto como siempre, los dejaría atrás para iniciar su propia carrera en solitario. La banda, formada por nueve miembros (que incluía una sección de viento) además del cantante David Clayton-Thomas, se convertiría en una de las más refinadas de su tiempo. Muy diferente sería en sus inicios la Chicago Transit Authority, otra maxiformación con siete miembros. Terry Kath (guitarra), Peter Cetera (voz) y Robert Lamm (teclados) eran sus componentes más destacados, pero la sección de viento era la que también los diferenciaba del resto. Hasta 1972 grabaron álbumes de un potencial extraordinario, coronados por el cuádruple LP en vivo grabado en el Carnegie Hall de Nueva York. Con los años se reconvertirían en un grupo de AOR (*album-oriented rock*).

Los mejores músicos de jazz ya conocidos fueron los que crearon los tres grupos emblemáticos del género: la Mahavishnu Orchestra, Weather Report y Return to Forever.

John McLaughlin ya había trabajado con Miles Davis como guitarrista en tres de sus más famosos LP recientes, pero después de probar suerte en solitario creó la Mahavishnu Orchestra en 1971. El nombre del grupo venía impuesto por su gurú, Sri Chinmoy (el gurú de las estrellas de rock, ya que además de John también eran adictos a él Carlos Santana, Michael Shrieve y otros), que le bautizó como Mahavishnu (Compasión Divina). La Mahavishnu Orchestra contaba con Jerry Goodman al violín (apodado «el violín del diablo») y con Billy Cobham a la batería, Jan Hammer a los teclados y Rick Laird al bajo. La explosión sónica marcada por los LP *The inner mounting flame, Birds of fire* y *Between nothingness and eternity*, así como por los directos del grupo fue demoledora. John también grabó con Carlos Santana el ecléctico *Love, Devotion Surrender*. En 1974 Jean-Luc Ponty sustituyó a Goodman, y poco después nacería la Mahavishnu 2, ya con una docena de músicos en la formación.

Otros dos músicos de Miles Davis, Joe Zawinul (piano) y Wayne Shorter (saxo), formaron Weather Report, el jazz rock más refinado y elegante. Por el grupo pasaron grandes instrumentistas, como Jaco Pastorius, considerado el mejor bajo del mundo en aquel tiempo. De tanto nivel como ellos, Chick Corea creó Return to Forever, con otro gran bajista, Stanley Clarke. Con sucesivos cambios, llegarían al cénit al contar con Al Di Meola a la guitarra. Toda la herencia de Davis se manifestó a través de sus discípulos con dos docenas de LP extraordinarios.

La última vuelta de tuerca la daría John Mayall, uniendo jazz y blues en 1971 a través de una de sus muchas experiencias.

Symphonic rock

El rock sinfónico había tenido sus primeros escarceos con grupos pop, como los Moody Blues o Procol Harum. Luego aparecería el trío Nice, ejecutando piezas clásicas directamente con estética rockera. También Deep Purple había grabado un disco con una sinfónica. Entre 1969 y 1971 el crecimiento del género fue ya mayoritario gracias sobre todo a los teclados (sintetizadores), que permitieron mayores desarrollos sónicos en los discos y los directos. El rock sinfónico pronto adquirió características propias convirtiéndose en un gigante que se devoró a sí mismo, como se verá a partir de 1974. Pero, antes de ello, generó un cauce por el que nacieron grandes músicos y bandas, como Emerson, Lake and Palmer, King Crimson, Yes o Genesis. La diferencia entre ellas variaba según su puesta en escena, del tremendismo de Emerson, Lake and Palmer a la sofisticación de los Crimson pasando por el art-rock de Genesis o Yes. Todos ellos interpretaban largos temas con elaborada instrumentación.

Keith Emerson (teclados) dejó los Nice para formar Emerson, Lake and Palmer, un trío de enorme peso en la historia de su tiempo. Greg Lake (bajo y voz) abandonó a King Crimson casi en sus inicios y Carl Palmer (batería) provenía de un oscuro grupo llamado Atomic Rooster. Durante años, Emerson fue declarado «mejor teclista» en los Pop Polls británicos. Grabaron cinco LP hasta 1974: *Emerson, Lake and Palmer, Tarkus, Pictures at an exhibition* (ejecución de la obra del mismo título de Mussorgsky), *Trilogy* y *Brain salad surgery*, más un sexto, triple, en vivo, para cerrar ese periodo. Su puesta en escena, en la que Emerson se revolcaba por el suelo con su piano, desataba la locura en sus fans y las críticas de los detractores. Tan gigantes como Led Zeppelin, aunque distintos y más breves, eran el contrapunto de la elegancia de Pink Floyd, por citar dos caras de la misma moneda.

El grupo que mejor unió música y espectáculo fue Genesis gracias al carisma de su cantante, Peter Gabriel, apodado «el hombre de las mil caras» por los disfraces que utilizaba para interpretar cada tema. De 1969 a 1975, Peter Gabriel, Michael Rutherford (guitarra y bajo), Phil Collins (batería), Tony Banks (teclado) y Steve Hackett (guitarra) forjaron una puesta escénica que significó una nueva vuelta de tuerca dentro del rock en vivo. Con LP como *Foxtrot* o *Selling England by the pound*, hasta el brillante *The lamb lies down on Broadway*, rivalizaron con Yes por el trono del rock sinfónico. La marcha de Gabriel en 1975 para cantar en solitario no fue su fin, ya que Collins se reciclaría como cantante y con él el grupo tendría una larga y triunfal segunda etapa hasta los años noventa.

Yes fue el grupo de los álbumes-canciones, porque solía ofrecer un solo tema por cada cara de LP. Letras visionarias, toques oníricos, incluso portadas especiales creadas por el diseñador Roger Dean, acompañaron su aura de grupo sofisticado. La personal voz de Jon Anderson, acompañado de Steve Howe a la guitarra, Chris Squire al bajo, Rick Wakeman a los teclados y Bill Bruford a la batería, equilibró un grupo que no lastraron los sucesivos cambios de personal (Bruford se marchó a King Crimson y Wakeman se lanzó en solitario). «Fragile», «Close to the edge», «Tales from

Genesis

topographic oceans» o «Yessongs» marcaron sus mejores momentos.

King Crimson desarrolló un rock sinfónico mucho más sofisticado, basado en la guitarra de Robert Fripp y una envolvente música, relajada y etérea. Primero el mellotrón y después los sintetizadores aportaron su sello al sonido mostrado en álbumes como *In the court of the Crimson King* o el gran *Islands*. Con muchos cambios de personal, ausencias y retornos, Fripp se mantuvo siempre como uno de los exploradores sónicos más relevantes de estas décadas.

Rock latino

Una de las muchas variantes del rock a partir de 1969 fue el rock latino o, lo que es igual, la música hecha por intérpretes o músicos de origen latinoamericano. El más influyente fue Carlos Santana.

En la extensa frontera de los Estados Unidos con México ya habían nacido mezclas o géneros híbridos como el tex-mex, pero con la aparición del grupo Santana, centrado por una parte en la guitarra de Carlos y por otra en la percusión, apareció una corriente muy potente que arrastró a otros músicos y creó su propia escuela. Carlos Santana era hijo de un mariachi. La familia emigró a San Francisco cuando él tenía quince años. Allí se convirtió en un chicano más, se escapó de casa, regresó a México, su padre le localizó en un club de Tijuana y le obligó a regresar a los Estados Unidos. Trabajó de lavaplatos y cuando se hizo mayor de edad volvió a su país de nuevo. Allí fue músico de bodas y comuniones, tocando rancheras, huapangos o corridos. La fiebre hippy hizo que regresara a San Francisco en 1968 y entonces se hizo habitual del Fillmore West de Bill Graham. Después de tocar como invitado en el notable «The live adventures of Mike Bloomfield and Al Kooper» formó su banda, Santana, en 1969. A los pocos meses su presencia en el Festival de Woodstock le hizo famoso y su primer LP disparó su fama como virtuoso de la guitarra. Sus siguientes álbumes, *Abraxas*, *Caravanserai* o el triple en vivo *Lotus* marcaron el comienzo de su lar-

Carlos Santana

ga historia de varias décadas. Compartió LP con John McLaughlin, Love Devotion and Surrender, y el gurú Sri Chinmoy le dio el nombre de Devadip (Lámpara de la Luz Eterna).

Los discos en vivo

Dos de los fenómenos habituales a partir de 1969 fueron las *jam sessions* de los grandes músicos y la grabación de discos en directo, esto último justamente ideal para las *jams*, que así quedaban registradas para la posteridad.

Había muchos músicos que querían tocar juntos, pero sin necesidad de formar un grupo ni someterse a crear canciones, ensayarlas, encorsetarlas e interpretarlas en giras. Noches memorables de energía compartida se habían perdido en el pasado sin remisión. Pero con los avances en las grabaciones discográficas esto se acabó. Los estudios dispusieron de unidades móviles y hasta hubo camiones convertidos en estudios ambulantes, ideales para llevar la tecnología hasta el músico sin necesidad de que este se desplazase. La mayoría de los grandes grupos, para demostrar su potencial en vivo, hicieron sus LP casi siempre dobles.

El histórico *Supersession*, seguido del *Live adventures* de Bloomfield y Kooper, marcaron la pauta a seguir. Del pobre sonido de los años sesenta se pasó a la captura de las energías rockeras en una larga serie de primeros discos históricos, como los de Cream (*Goodbye*), Deep Purple (*Concerto for group and orchestra*), Humble Pie (*Performance: rockin' the Fillmore*), los Allman Brothers Band (*Live At Fillmore East*), Chicago (*IV*), John Mayall (*The turning point*), los Who (*Live at Leeds*), los Doors (*Absolutely live*) o Crosby, Stills, Nash and Young (*4 way street*).

La grabación de discos en vivo trajo consigo el inicio de un fenómeno hasta entonces desconocido en el rock: la piratería. No solo podían venderse ilegalmente las grabaciones legales si un empleado hacía una copia. Cualquier persona podía hacer lo mismo con la irrupción de las casetes y las grabadoras portátiles. A partir de 1971 en los grandes mercados ilegales o los mercadillos callejeros podían verse puestos en los que se ofrecían grabaciones de conciertos en vivo, algunas de pésima calidad, pero capaces de despertar el interés de los aficionados más fanáticos. La piratería pronto fue una industria, discos con portadas espectaculares, novedades, incluso edición de discos antes de su salida oficial. Todo a precios más reducidos. Para cuando la industria se dio cuenta, ya era tarde. La piratería había llegado para quedarse.

Bob Dylan fue el artista más pirateado (y siguió siéndolo, hasta que él mismo «legalizó» sus grabaciones piratas para no perder tajada en el negocio). En 1969 su LP pirata *Great white wonder* vendió 350.000 copias. La Band llegó a tener cuatro álbumes oficiales y tres piratas tan vendidos como aquellos. En poco tiempo, artistas con diez discos tenían 1.000 piratas circulando, caso de Jimi Hendrix y más adelante Bruce Springsteen, del que siempre hay varios discos de cada uno de sus conciertos.

La piratería cambió el negocio de la música. Se prohibió la entrada de cámaras o equipos de grabación en los conciertos. Pero el daño ya estaba hecho. La fiebre de los fans y el coleccionismo la convirtieron en un añadido del rock, algo que acabaría por hundir la industria discográfica desde finales de los años noventa, con la aparición del CD.

Capítulo 15
Woodstock y los primeros setenta

La separación de los Beatles

Después de su emblemático *Sgt. Pepper's lonely hearts club band*, los Beatles ya no volvieron a ser los mismos. John andaba con su nueva pareja, la artista conceptual Yoko Ono, y Paul pronto rompería lazos con el pasado y se enamoraría de la fotógrafa Linda Eastman. En 1968, además, impulsaron su compañía discográfica, Apple, y se convirtieron en dibujos animados a través de la excepcional *Yellow submarine*. Habían creado un monstruo y, antes de que el monstruo les devorara a ellos, quisieron recuperar sus propias identidades. Se reunieron para grabar, pero John y Paul ya no trabajarían juntos. Cada uno aportaba sus propias canciones (lo mismo George) y las grababan como grupo, nada más. El doble LP *The Beatles* (también llamado el Álbum Blanco por su portada) preludió el canto del cisne, protagonizado en 1969 con la grabación de los LP *Abbey road* y *Let it be*. Este último, que era la banda sonora de un documental, se editó ya en 1970, en los mismos días en que Paul anunciaba su marcha del grupo. Era el 10 de abril.

El Club de los 27

Cuando el rock empezó a hacerse mayor, y dejó cada vez más tiempo a su espalda, llegaron los primeros ídolos caídos por el camino, unos por muerte natural, otros por el desenfreno de sus vidas (drogas y alcohol), otros por accidentes (carretera, aviones o armas) y otros por su propia mano (suicidios). La lista de bajas ya era notable al llegar 1969 (Buddy Holly, Sam Cooke, Otis Redding...), pero pronto se incrementaría y daría pie a una de las leyendas más notables de la historia, la del Club de los 27.

Hay una especie de patrón en la vida de los artistas y los grupos. Para los primeros, es como si el éxito iniciado a partir de los veinte años de edad empezara a cobrarse la factura del agotamiento al superar los veinticinco y acercarse a los treinta. Cinco años de gloria y estrellato es asimismo la media de la mayoría de los grupos desde que empezó la historia del rock. Cinco años desde su primer éxito hasta su separación. Salvo casos excepcionales (los Stones), pocos escapan a esta regla, aunque puede haber un distanciamiento momentáneo, un «descanso» de dos o tres años antes de volver, o, sin llegar al anuncio oficial, prolongar la vida media artificialmente, regresando cada equis años para hacer un disco o una gira.

El hecho de que muchos de los grandes cayeran a los veintisiete años, sin embargo, ha sido siempre algo más que una casualidad.

Brian Jones fue el primero en caer. Tras su detención en 1967 por consumo de drogas, dejó los Stones en 1969 y al poco fue encontrado muerto en la piscina de su casa debido a un exceso de salbutamol. La siguiente víctima del club fue Jimi Hendrix, ahogado en su propio vómito tras un exceso de drogas. Era el 18 de septiembre de 1970. Casi sin respiro, se produciría la tercera muerte, la de Janis Joplin, el 3 de octubre del mismo año. La mujer que hacía el amor en el escenario con 50.000 personas moría sola en una habitación de hotel mientras grababa su tercer LP. Menos de un año después, el 3 de julio de 1971, Jim Morrison caía en París, con los pulmones destrozados, en la bañera de su piso. El hecho de que no se comunicara su fallecimiento hasta muchos días después despertó la fantasía de los fans acerca de que había fingido su propia muerte para evitar su condena de cárcel en los Estados Unidos.

Estos cuatro ídolos crearon el famoso club, a los que se sumarían con los años otros ilustres nombres, como Kurt Cobain (Nirvana), suicidado, y Amy Winehouse, la poderosa voz blanca de finales de la primera década del siglo XXI.

Los festivales masivos

En 1967 el Festival de Monterrey había sentado las bases de lo que podía ser uno de los máximos escaparates del rock de masas. En 1969 esta tendencia se convirtió en uno de los referentes históricos, con tres hitos excepcionales: el concierto de los Stones en Hyde Park y los festivales de Woodstock y Isle of Wight. El concierto de los Stones, que debía ser la presentación del nuevo guitarra Mick Taylor pero acabó siendo un homenaje a Brian Jones, muerto poco antes, congregó a 250.000 personas en el Hyde Park de Londres. Fue algo espontáneo. Woodstock y Wight, no.

Con todo, ese concierto del 5 de julio en Hyde Park no fue el primero. Unos días antes Blind Faith también se habían presentado en vivo en el mismo parque para bautizarse como supergrupo de masas. Junto a los Stones actuaron los Who, King Crimson y Family. Unos días después, el 18 y 19 de julio, otras 100.000 personas inundaron Hyde Park para ver a Pink Floyd y otras bandas progresivo-psicodélicas. Tras estos tres conciertos, el parque fue cerrado a eventos musicales, pero la fiebre ya se había desatado. París (Ten Years After, Pink Floyd, Frank Zappa, Soft Machine, Colosseum y otros) y Ámsterdam siguieron la tendencia. En los Estados Unidos todos los grandes grupos de la época actuaron en las dos docenas de festivales organizados ese verano, siempre con mareas humanas de entre cien y ciento cincuenta mil personas. El toque sensacionalista se lo dio el Festival de Altamont el 6 de diciembre, con los Rolling Stones y Jefferson Airplane como cabeceras de cartel. Mientras los Stones tocaban «Sympathy for the devil», un hombre murió apuñalado a escasos metros del escenario. Las cámaras del documental *Gimme shelter*, que se rodaba en vivo durante el concierto, captaron el incidente. Estuvo a punto de organizarse una locura derivada en masacre. Mick Jagger dijo después que «ignoraba el efecto que ellos pudieran causar en una masa de personas». Fue un toque de alerta. La música era el aglutinante perfecto para las grandes concentraciones, siguiendo los nuevos rituales del rock, pero su poder iba más allá de convertir a esas masas humanas en ejemplos de paz.

Woodstock

Cuando se anunció el cartel del Festival de Woodstock y su lema, «Tres días de paz y amor», las carreteras estadounidenses se llenaron de jóvenes que viajaban de costa a costa y de sur a norte en busca del gran sueño. Fue una explosión sin igual en el verano perfecto. El Woodstock Music and Art Fair se celebró los días 15, 16 y 17 de agosto de 1969 (aunque acabó el día 18) en la pequeña localidad que le dio nombre, ubicada en Bethel, estado de Nueva York. Nadie pensó que medio millón de personas se congregarían allí atraídas por la música y la nueva libertad que flotaba en el ambiente, pero lo hicieron. Así fue como se colapsaron todos los servicios, los accesos, el recinto, y escaseó el agua y la comida. Las lluvias torrenciales que cayeron el domingo 17 convirtieron el lugar en un caos que las cámaras del documental que se rodaba, a cargo de Michael Wadleigh, captaron en toda su intensidad. Pero no por ello dejó de haber paz y música. Hubo que arrojar ropa y alimentos desde helicópteros, la zona fue declarada «de desastre», pero para los asistentes siguió siendo un evento mágico que habría de pasar a la historia. La generación de Woodstock también consagró el universo *hippy* aunque, tras el festival, se iniciara un descenso gradual que la crisis de 1973 se encargaría de acabar con ella. Se dice que allí se produjeron 10.000 matrimonios y que a los nueve meses nacieron cientos de niños y niñas, aunque nunca se probó. Como detalle, cabe citar que solo hubo tres muertes: una por accidente, otra por una apendicitis y solo una por sobredosis.

El promotor del festival se llamaba Michael Lang y tenía veinticuatro años. Logró reunir a los artistas más grandes del momento salvo contadas excepciones (Led Zeppelin, Doors o Bob Dylan entre ellas). Por Woodstock pasaron Jimi Hendrix, Janis Joplin, Jefferson Airplane, Canned Heat, Ravi Shankar, Creedence Clearwater Revival, Richie Havens, Santana, Arlo Guthrie, los Grateful Dead, Johnny Winter, Paul Butterfield Blues Band, los Who, Joe Cocker, Melanie, Mountain, Blood, Sweat and Tears, la Incredible String Band, Joan Baez, Country Joe and the Fish, Ten Years After, Sly and the Family Stone, la Band, John B. Sebastian, Crosby, Stills, Nash and Young y otros que a lo largo de 72 horas convirtieron su música en historia. El festival fue grabado y el triple LP editado en 1970 vendió dos millones de copias y estuvo 24 semanas en el top 10. La película, estrenada el 25 de marzo de 1970, no es solo un documento básico (se conserva en la Biblioteca del Congreso como materia «cultural de significativo valor»), sino que es también el resumen de todo lo que fue el mundo hippy y ganó el Óscar al mejor documental. Socialmente fue un impacto. Al margen de la música, ver a chicos y chicas bañándose desnudos en un lago, como si se tratara del paraíso terrenal, compartiendo libertad y ganas de pasarlo bien, causó una gran sorpresa a quienes aún no entendían de qué iba todo aquello. Hoy el *hippismo* parece inocente, lo mismo que sus lemas, sus flores o sus colores, pero en aquel tiempo supuso un cambio muy fuerte en la mentalidad de los jóvenes. Y siempre queda la música.

Wight

Wight es una isla diminuta situada en la costa sur de Inglaterra, de 40 kilómetros de largo por 23 de ancho. En 1969 vivían 94.000 personas. Pocos la habrían situado en el mapa hasta que dos hermanos, Ricky y Foulk Farr, anunciaron el primer Festival de Wight los días 29, 30 y 31 de agosto de 1969. En él actuaron los Who, Joe Cocker, King Crimson, Free, Moody Blues, los Pretty Things, Family, Richie Havens, Pentangle y otros, pero lo que lo convirtió en excepcional fue la aparición de Bob Dylan, que cantaba por primera vez en público desde 1966. Vestido de blanco y acompañado por la Band, cantó 17 canciones ante 200.000 espectadores, entre ellos John Lennon, George Harrison y Ringo Starr.

En 1970 el festival volvió a celebrarse, y esta vez con 300.000 personas que llegaron por todos los medios a la isla. Por desgracia los cinco días de música se convirtieron en un riguroso control policial y social que no evitó un nuevo caos. 5.000 policías de paisano, un laboratorio antidrogas, un hospital y un tribunal, más una «ciudad» adyacente, con tiendas de campaña, emisora de radio, salas de prensa y doble valla de seguridad, hicieron del conjunto algo demasiado «oficial». Todo estaba previsto (1.368.800 litros de agua, 113.650 litros de cerveza y lo mismo de leche, 24 toneladas de bebidas calientes, 100 toneladas de patatas, etc.), pero nada salió bien. Había entradas VIP, discriminación, aparecieron los Panteras Negras tratando de «defender a las masas» y se inició una gran batalla en demanda de «un festival gratuito». Al final las vallas se derribaron y las pérdidas fueron millonarias. Muchos espectadores no tenían ni dinero para volver a sus casas y los organizadores se lo dieron.

En este segundo Wight actuaron Jimi Hendrix, Leonard Cohen, Joni Mitchell, Jethro Tull, Miles Davis, Taste, Cactus, Melanie, los Who, Ten Years After, Supertramp, Richie Havens, Pentangle, los Everly Brothers, Donovan, Procol Harum, Kris Kristofferson, Chicago, Redbone, los Doors, los Moody Blues, Groundhogs, Emerson, Lake and Palmer y otros, es decir, algunos de los más grandes, pero fue el canto del cisne porque esta vez la música no eclipsó el caos.

El concierto para Bangla Desh

El 1 de agosto de 1971 tuvo lugar el primer concierto benéfico de la historia, sentando un precedente seguido en las décadas siguientes. No fue un gran festival, pero sí tuvo algo de ello. Se celebró en el Madison Square Garden de Nueva York, George Harrison fue el promotor y se celebró en beneficio de los damnificados por la guerra de Bangla Desh.

Cuando en 1947 la India logró la independencia de Gran Bretaña y a su vez se fragmentó en dos países, India y Pakistán, este último quedó dividido en dos zonas, la occidental y la oriental, separadas por 1.700 kilómetros de territorio indio. Por cuestiones demográficas, mientras en el Pakistán occidental, con más de 800.000 kilómetros cuadrados, vivían 33 millones de personas, en el oriental, con solo 140.000 kilómetros cuadrados, vivían 42 millones de personas. Una enorme diferencia. Cuando el Pakistán oriental se independizó, con el nombre de Bangla Desh, el Pakistán occidental desató una guerra de exterminio que causó 1.000.000 de muertos y otros diez de desplazados. El ex Beatle George Harrison, impresionado, convocó a algunos amigos para recaudar fondos con destino a los damnificados, y así nació el Concierto para Bangla Desh, con Eric Clapton, Ringo Starr, Leon Russell, Billy Preston, Ravi Shankar, Badfinger y un invitado estelar: Bob Dylan, cuya sola presencia convirtió el evento en uno de los más importantes de la década. El triple LP fue n° 1 y la película del concierto fue vista por millones de personas.

Los grandes conciertos siguieron existiendo, pero de manera más aislada y sin el eco de Woodstock o Wight. En Inglaterra se celebraron cada año los de Knebworth y Reading. En los Estados Unidos el récord de Woodstock lo batió el de Watkins Glen (con la Allman Brothers Band, los Grateful Dead y la Band como estrellas), que reunió a 600.000 personas en 1973.

Intimismo, country rock y soft rock

Aunque entre 1969 y 1973 todos los caminos conducían al rock, no faltaron vertientes más suaves como contrapartida. Los nuevos cantantes que se acompañaban de guitarras o pianos, los nuevos folk singers, hicieron del intimismo una veta llena de matices y grandes canciones. Crosby, Stills and Nash, asentados en California, arroparon e inyectaron nueva vida al extinto California sound, lejos ya de sus días de música surf. Guitarras puras, voces y armonías comenzaron a destacar como una élite de calidad. David Crosby procedía de los Byrds, Graham Nash de los Hollies, y Stephen Stills de Buffalo Springfield (como Neil Young, que se les uniría ocasionalmente). La brillantez acústico-vocal del grupo fue pionera y también destacó como supergrupo. El trío debutó con Marrakesh express y se consolidó con dos LP, el segundo, Déjà vu, ya como cuarteto y grabado en vivo. La replica no tardaría en llegar con el trío America y A horse with no name.

Crosby, Stills and Nash

Pero lo que más dio el intimismo fueron solistas, grandes damas como Carole King, Judy Collins, Carly Simon o Joni Mitchell, y grandes caballeros como James Taylor e, incluso, Neil Diamond. Carole King procedía del Brill Building, desde donde había compuesto decenas de canciones para otros artistas junto a su marido Gerry Goffin. En 1971 publicó su LP *Tapestry*, que vendió 15 millones de copias y estuvo 292 semanas en las listas de éxitos. Fue la primera en vender un millón de *cartridges*. El *cartridge* (cartucho) era un formato de reproducción que fracasó en poco tiempo, por grande e incómodo. La idea era tener una cinta casete que no se detuviera al final, es decir, que sonara de forma ininterrumpida. Un tema de la propia Carole, «You've got a friend», sirvió para que James Taylor llegara al estrellato. Neil Diamond, que había compuesto los primeros éxitos de los Monkees, se reveló igualmente como solista, aunque con una obra más amplia y comercial que le convirtió en un clásico con el paso de los años.

El country rock daría en este tiempo una de las bandas históricas de los setenta: Eagles, con Don Henley y Glenn Frey al frente. No solo fueron sus propias canciones, sino también las que les aportaron otros grandes músicos y compositores, como Jackson Browne o John David Souther. El primer disco de Eagles apareció en 1972 y, hasta su enorme *Hotel California*, dominaron su parcela musical con una aplastante superioridad. El recopilatorio *Their greatest hits* fue el disco más vendido de la historia hasta este momento. A espaldas de los Eagles surgió un gran flujo de artistas, bandas como Poco, los Flying Burrito Brothers Band, Loggins and Messina, y nuevos solistas como Kris Kristofferson.

Se llamó soft rock a la música que hacían grupos en la estela de Crosby, Stills and Nash o Eagles pero mucho más suaves, con armonías vocales y baladas dulces, como los Carpenters, Bread o Seals and Crofts. Los Carpenters triunfaron gracias a la voz de Karen Carpenter. En poco más de cinco años habían vendido 25 millones de discos.

Elton John

Surgido en 1969 con su primer LP, Elton John iba a ser una de las megaestrellas de las siguientes décadas, aunque su gran impacto hasta 1976 le colocó ya en el cuarto lugar entre los artistas más vendedores de la historia, por detrás de los Beatles, Bing Crosby y Elvis Presley.

Su verdadero nombre era Reginald Kenneth Dwight (1947), pero se lo cambió por los de Elton Dean (miembro de Soft Machine) y John Wayne (su actor favorito). Durante los años sesenta él y el letrista Bernie Taupin hicieron canciones como asalariados de una editora, cobrando 10 libras a la semana. Su voz, única, le llevó a debutar en solitario, tocando siempre el piano, y ya con su segundo LP, en mayo de 1970, comenzó su leyenda. En los seis años siguientes aportaría una docena de grandes éxitos y LP capitales como *Madman across the water* o *Blue moves*. Excéntrico, por lo general disfrazado, pero siempre genial, se le considera el mejor compositor de los años setenta, capaz de crear sublimes melodías y tonadas rápidamente estandarizadas. En 1973 incluso formó su propia discográfica y, entre sus singularidades, destaca que presidió el club de fútbol Watford, por entonces en la Tercera División inglesa.

Elton John

Jesus Christ Superstar

Andrew Lloyd Webber era hijo de un compositor, estudiante del Royal College, la Guidhall School y finalmente graduado en Oxford. Su primera obra musical pasó desapercibida. La segunda fue *Jesus Christ Superstar*. Con ella, siguiendo el éxito de *Hair*, se consolidaron las llamadas óperas rock.

Andrew y el letrista Tim Rice tardaron un año y medio en completar la partitura de lo que, en aquel tiempo, fue un reto: reescribir la historia de Jesús con música, algo que no sentó nada bien a las autoridades religiosas del momento, que la acusaron de blasfema o de ser una herejía, sin darse cuenta de que gracias a la obra millones de jóvenes conectaron de nuevo con la religión católica. En ella, Jesús se humanizaba a través de lo que cantaba y se convertía en un ser carnal junto a una entregada y seductora María Magdalena o un Judas también muy humano que bailaba mientras le vendía por 30 monedas.

Jesus Christ Superstar batió en Londres el récord de permanencia en la cartelera del West End, se representó en todo el mundo, dio pie a una película (que también fue atacada por todo tipo de personalidades religiosas, incluso rabinos judíos) y fue el primer gran éxito de sus autores, después reafirmado con otras grandes óperas de tono rockero, como *Evita* e, incluso, *The phantom of the opera* a pesar de su partitura de gran clásico. El éxito provocó la aparición de una segunda obra de fondo religioso, *Godspell*, basada en los Evangelios.

Capítulo 16
Todos los caminos llevan al nº 1

Cuando el rock se puso lentejuelas

La búsqueda de nuevas formas musicales abarcó tantos campos que se extendió también a la imagen y, en una progresión constante, a la liberación sexual a la hora de relacionarse con la manera de interpretar esa música. La última frontera de la primera mitad de los años setenta se llamó glam power, o glam rock, es decir, rock con *glamour*. La ambigüedad sexual se vistió de lamé y lentejuelas y los cantantes adscritos al movimiento se autodefinieron como andróginos o directamente bisexuales. Todo empezó en el verano de 1971, cuando un tal David Jones, que ya había luchado por triunfar en los sesenta, se reinventó a sí mismo y pasó a llamarse David Bowie. Primero logró el éxito con la canción «Space oddity», pero a continuación asaltó el estrellato absoluto con su álbum *Hunky Dory*, en cuya portada se le veía como una mujer. En sus siguientes manifestaciones se declaró homosexual (se silenció que estaba casado y tenía un hijo) y se disparó el glam como género. Después de los LP *The rise and fall of Ziggy Stardust* y *Aladdin sane*, lo que demostró Bowie era su capacidad mutante, camaleónica, para crear personajes y convertirse en ellos. Cuando más alto estaba el *gay power* y él fue coronado emperador en su memorable concierto del Earls Court Arena de Londres, en 1973, se marchó a los Estados Unidos, cambió radicalmente de imagen, enterró el glam y comenzó la segunda parte de su enorme carrera con discos como *Young Americans* o el single «Fame».

La corriente del glam power fue inmediata desde el verano de 1971. En Inglaterra fue colorista y divertida. El gran grupo fue Roxy Music, banda liderada por el cantante Bryan Ferry y el guitarra Phil Manzanera, que contaba entonces en sus filas con el teclista Brian

David Bowie

Eno, más adelante creador del ambient, un referente electrónico. Roxy Music cosechó éxitos en esta primera parte de su carrera con cinco álbumes brillantes, pero al final su fama global se debería a la segunda parte, cuando aportó al mundo LP de la talla de *Avalon* y *Flesh+blood*. Hubo artistas menores, como Gary Glitter (impulsor del glitter rock, es decir, rock gritón) o el grupo Sweet, pero las dos bandas que se disputaron el cetro fueron T. Rex y Slade.

T. Rex (Tyrannosaurus Rex) estaba liderado por Marc Bolan, otro artista que venía de los sesenta sin éxito. Pasando de lo acústico a lo eléctrico consiguieron una docena de grandes éxitos antes de que la moda desapareciera. Por desgracia Marc no tuvo tiempo de reinventarse, porque murió en un accidente de coche en 1978. Slade era un cuarteto descubierto por Chas Chandler (también descubridor de Jimi Hendrix). Con Noddy Holder a la voz solista y cantando en una jerga muy callejera, tuvieron seis números 1, tres números 2 y dos números 3 consecutivos en las listas de los más vendidos. Nadie, desde los Beatles, había tenido una lista de éxitos así en Inglaterra.

Una característica de este tiempo es que los artistas ingleses, antes dominadores del mercado americano, dejaron de penetrar en él con sus canciones. La nueva hornada pasó desapercibida en los Estados Unidos y se mantendría ya así en los años siguientes, separando ambos mundos, homogéneo e innovador el británico; más diverso y rico en su variedad el americano.

El glam en los Estados Unidos

Inicialmente se pretendió que el rival americano de Bowie fuese Alice Cooper, nombre de mujer para un grupo con él de solista. Pero entre Bowie y Cooper no había ningún parecido. El primero era sofisticado, el segundo un rockero tremendista que actuaba muy maquillado y convertía sus espectáculos en una mezcla de horror y fascinación kitsch, con trucos y sangre, violencia y terror, serpientes y parafernalia visual en un claro preludio de lo que luego

Lou Reed

haría Kiss. Mientras Bowie jugaba con la ambigüedad, Cooper se ajustaba al canon diciendo que en todo ser humano hay una parte masculina y otra femenina. Ya en 1973, Bowie diría que él había creado un personaje con el que se sentía más cómodo que siendo él mismo. La misma presencia de Alice Cooper en Inglaterra fue casi vetada y llegó a la Cámara de los Comunes cuando un diputado afirmó que su música era «una incitación al infanticidio y una explotación comercial del masoquismo que enseñaba a los jóvenes a odiar, no a amar». El primer gran éxito de Cooper fue «School days».

Mucho más relieve tuvieron a la larga dos artistas a los que el propio Bowie ayudó a rescatar. Uno fue Iggy Pop, el legendario líder de los Stooges. El otro, Lou Reed.

Lou había dejado ya Velvet Underground cuando se redefinió a sí mismo y halló en la vía abierta por Bowie un camino a seguir. Su LP *Transformer* fue la clave. Pero él era también puro Nueva York, un poeta urbano, ecléctico, descarnado. Jugó con la ambigüedad al inicio, y luego se convirtió en un referente absoluto hasta el punto de preludiar el punk con su música. Después de *Transformer* llegarían el inquietante *Berlin* y el directo *Rock and roll animal*. Sus canciones «Walk on the wild side» o «Heroin» marcaron pautas.

El cisma entre el rock americano y el inglés ya no iba a detenerse. Aunque surgieran tendencias iguales o parecidas, la forma en que se tomarían a uno u otro lado del Atlántico no iban a ser las mismas. Inglaterra siguió viviendo del frescor y la innovación. Los Estados Unidos de su mercado gigante.

La crisis del petróleo y la aparición del punk darían la puntilla a todo esto.

El reggae, primer fenómeno étnico

Todo lo que no ha sido americano o inglés, a partir de los años noventa se ha llamado World music (música del mundo, música étnica, etc.). En los años setenta este término no existía y el primer sonido ajeno a las dos potencias del rock que se hizo internacional fue el reggae, procedente de Jamaica.

Jamaica había sido inglesa hasta 1962 y era parte de la Commonwealth. Londres estaba llena de jamaicanos, lo mismo que de indios o de cualquiera de las antiguas colonias. En 1968 Desmond Dekker fue el primer músico que llegó a las listas con temas de reggae, la música heredada del ska, el mento y el calipso. Le seguiría Jimmy Cliff en 1970 y otra media docena de artistas hasta que un dúo llamado Dave and Ansil Collins logró el primer nº 1 del reggae en Gran Bretaña con «Double barrel». Quizá hubiera sido una anécdota, pero la aparición de la gran estrella del reggae, Bob Marley, dio el impulso definitivo al género. Eso además de que un sello inglés, Island Records, creado por un jamaicano blanco llamado Chris Blackwell, lo internacionalizara.

¿Qué había sucedido en Jamaica? ¿Qué eran el reggae, los rastas? ¿Quién era Jah? ¿Por qué la *ganja* (marihuana) estaba permitida? Una vez más hay que acudir a la historia para hablar de todo ello.

Un evangelista llamado Marcus Garvey fue el que preconizó la vuelta al origen, África, hablando del advenimiento de un nuevo Rey de Reyes que se coronaría Emperador y cuya reencarnación de Dios (Jah) provocaría que Babilonia (el mundo occidental) se abocaría al abismo, doblegada por sus pecados. Una profecía que, en la primera mitad del siglo XX, causó conmoción en la isla caribeña. Pero más lo hizo cuando se cumplió. En 1930 Lij Ras Tafari Makonnen adoptó el nombre de Haile Selassie I y se proclamó *Negus* (emperador) de Etiopía. Ser *Negus* equivalía también a ser Elegido de Dios, Señor de Señores, Rey de Reyes, Heredero del Trono de Salomón y Poder Supremo de la Santísima Trinidad. Todo de una tacada. Sin embargo, no había que tomarlo a broma. A fin de cuentas era el 225 emperador de un imperio con tres mil años de antigüedad.

Selassie fue derrotado en 1936 por los italianos, pero en 1941 los ingleses le devolverían la soberanía. Para los jamaicanos, él cumplía la profecía de Garvey. Así nacieron los rastas, seguidores del *Negus* y elegidos de Jah. Fumar *ganja* es parte de su cultura, no una droga.

También el peinado, formado por gruesas mechas, pasa a formar parte de su idiosincrasia. Y mientras esperan que Babilonia caiga, pacientes, utilizan la música.

En Montego Bay o en Ocho Ríos, las zonas residenciales donde vivía el 5 por ciento de la minoría blanca, la vida era muy diferente a Trench Town, con el 95 por ciento restante de mayoría negra. La música había formado parte eterna de la vida isleña, y lo había hecho siempre con su característico *tempo* medio, cadencioso. En los años cincuenta los jamaicanos oían las emisoras de la vecina Nueva Orleans, así que mezclaron blues, rhythm and blues y rock con sus ritmos. El ska tendría incluso una corriente propia en Inglaterra a finales de los setenta. Una variante más fuerte fue el rocksteady, tomado como propio por los más radicales de los guetos de Kingston, la capital.

La definitiva eclosión de los ritmos jamaicanos se produce con la irrupción del reggae.

Bob Marley, el Dylan negro

Marley era hijo de un capitán de la Marina británica y una isleña. La muerte de su padre evitó que acabara en Inglaterra. Nació en 1945 y con dieciséis años grabó sus primeras canciones. En 1964 formó los Wailers, su grupo. No pudo evitar problemas con la justicia, acabar en la cárcel, y en 1969 logró editar sus dos primeros LP, *Soul rebel* y *Soul revolution*. Su voz, sus letras y su música impactaron a Chris Blackwell, que lo llevó a Inglaterra, donde el reggae se hizo fuerte desde 1972. Durante la década, Marley aportó álbumes repletos de fuerza, con canciones épicas como «No woman, no cry», «Jamming» o «Could you be loved». Su imagen sonriente, cabello rasta suelto o recogido por una enorme gorra con los colores de la bandera jamaicana se convirtieron en un icono. Pese a que los rastas esperan el fin de Babilonia, el mundo occidental, y la vuelta a la Tierra Prometida, no había violencia en sus letras y sí mucha paz y amor. Bob jamás trató de enfrentar a los suyos contra los blancos,

Bob Marley

ni se metió en política. Por eso se le temió más y se llegó a atentar contra su vida. Desgraciadamente moriría en 1981 víctima de un cáncer.

La fuerza con la que el reggae penetró en el rock lo atestiguan los grandes artistas que lo utilizaron: Led Zeppelin en «Houses of the holy», Paul Simon en «There goes rhythm' Simon», Eric Clapton en «I shot the sheriff», o los Rolling Stones grabando en la misma Jamaica en 1973 a la búsqueda de su espíritu. Por desgracia la mayoría de los artistas jamaicanos fueron robados impunemente. No había dinero para grabar LP, se registraba una canción, que aparecía en la cara A de un single, y en la B se ponía el mismo tema en versión instrumental. Así que los *disc jockeys* radiaban la cara B y cantaban ellos mismos o pirateaban esas canciones. Todo lo que fue el reggae en Jamaica lo expuso Jimmy Cliff en la película *The harder they come* en 1972.

Con la muerte de Bob, el reggae no murió, no fue una moda más. Primero fueron cantantes o grupos como Peter Tosh, Toots and The Maytals o Third World. Después continuó siendo un género internacional.

Camino de 1973

Hasta 1972 y parte de 1973, el rock conoció su época de mayor esplendor. Nadie podía imaginar lo que sucedería en octubre de 1973. Nadie podía imaginar que aquello fuera a terminarse, y menos de manera tan abrupta. Salían artistas de todas partes, algunos de gran relieve, y se oían canciones que pasaban a la historia y marcaban el momento en que se escuchaban. Todo ello sin olvidar que los grandes seguían activos. Pura energía.

En Inglaterra se mezclaban el rock vanguardista de Colosseum o Barclay James Harvest con el folk rock de Lindisfarne o la suave voz de Al Stewart. Grupos rockeros o comerciales como Strawbs, Audience, Thunderclap Newman, If, Juicy Lucy, Stone the Crows, Thin Lizzy, Steeleye Span, Gentle Giant, los New Seekers, Chicory Tip,

Christie, Suzi Quatro y muchos más dejarían su huella. De Vinegar Joe saldrían dos solistas importantes, Elkie Brooks y Robert Palmer. Albert Hammond aportaría una de las canciones más pegadizas de la década, «It never rains in Southern California». Lo mismo Mungo Jerry con «In the summertime»; o Rare Bird con «Sympathy»; o Gilbert O'Sullivan con «Alone again (naturally)» y «Clair».

Nombres emergentes y con más peso serían Rod Stewart y su grupo, Faces, finalmente consagrado como uno de los solistas de mayor relieve desde su hit «Maggie may»; el guitarra Rory Gallagher, con los monumentos rockeros de «Cradle rock»; Cat Stevens, ya convertido en estrella con su voz única y sus hermosas canciones del tipo de «Morning has broken» o «Moon shadow»; la Electric Light Orchestra, dirigida por Jeff Lynne. Y, como guinda, Olivia Newton-John, que de simple cantante pop inglesa pasaría a megaestrella mundial cuando se instalara en los Estados Unidos.

Al otro lado del Atlántico sucedía lo mismo, pero multiplicado por diez. La Motown lanzaba a su primer grupo blanco, Rare Earth; George Harrison se unía a unos desconocidos Delaney and Bonnie para una gira; James Gang contaba con un emergente guitarra llamado Joe Walsh (más tarde unido a Eagles); Three Dog Night («Joy to the world»), Zager and Evans («In the year 2525»), Bill Withers («Ain't no sunshine»), Nilsson («Without you»), Edwin Hawkins Singers («Oh happy day»), Don McLean («American pie»), todos tenían su gran éxito. Surgían grupos derivados de otras bandas, como Hot Tuna de Jefferson Airplane, o solistas salidos de grupos de éxito, como Curtis Mayfield de los Impressions o John Stewart del Kingston Trio. Las primeras rock band femeninas asomaron la cabeza, Fanny, las Shaggs, Birtha. Fue época de notables solistas, Rita Coolidge, Bobby Womack, Jim Croce (muerto en pleno éxito en un accidente de aviación), Al Green, Barry White, J. J. Cale, y de potentes grupos, Wet Willie, la J. Geils Band, Blue Öyster Cult, los Crusaders, Dr. Hook and the Medicine Show, Rufus (con Chaka Khan), Little Feat, Black Oak Arkansas y un largo etcétera.

Mención aparte merecen Isaac Hayes, el Moisés Negro, con su poderosa voz grave, que recitaba más que cantaba sus largos temas; Roberta Flack, por un tiempo la nueva cantante negra más importante; Linda Ronstadt, exquisita mezclando folk rock y country rock hasta su gran LP *Simple dreams*; John Denver, primero autor de grandes éxitos y después intérprete de los mismos, que atesoró una carrera llena de grandes éxitos como «Take me home, country roads» o «Rocky mountain high»; Johnny Winter, el albino blanco, poderoso guitarra de rock y blues; el grupo War, formado por Eric Burdon; y finalmente dos de los grupos más importantes de los setenta, los Doobie Brothers y Steely Dan, el primero con temas del calibre de «Listen to the music» o «Long train runnin'», y el segundo, formado por Donald Fagen y Walter Becker, con álbumes magistrales y canciones emblemáticas como «Do it again» y «Rikki don't lose that number».

John, Paul, George y Ringo

Los Beatles habían dicho adiós el 10 de mayo de 1970, cuando Paul McCartney anunció el final al salirse de la banda. John Lennon ya había querido hacerlo en 1969, pero le convencieron de que aguantara. Al dar el paso Paul, lo primero que se derivó de ello fue un enfrentamiento entre ambos. La guerra tuvo visos de triste rivalidad en los primeros años, cuando John atacó de manera inmisericorde a su amigo. Lo cierto, sin embargo, es que cada uno de ellos se benefició de una brillante carrera individual, sobre todo en los años setenta.

El primero en beneficiarse de la soledad fue George Harrison. Tenía una buena cantidad de canciones en la recámara, ya que John y Paul solo le dejaban incluir un tema en cada álbum, aunque desde el doble *White album* su papel había progresado. George editó un triple LP, *All things must pass*, y llegó al n° 1, igual que el single «My sweet Lord». El concierto de Bangla Desh, un año después, consolidó aún más su nuevo nivel de estrella. Con los años lo mantendría y acrecentaría, creando una compañía discográfica, Dark Horse Records, en 1974, y también Hand-Made Films, una productora de cine. Gracias a ella los Monty Python pudieron llevar a cabo *La vida de Brian*. Su última aventura antes de su muerte fue dar vida al grupo Traveling Wilburys, con Bob Dylan, Roy Orbison, Tom Petty y Jeff Lynne.

También Ringo tuvo sus años de gloria eminentemente comercial, con la ayuda de George primero pero también de John y Paul después. Tuvo media docena de grandes éxitos antes de crear la banda de rock All-Star con la que trabajó en las siguientes décadas.

John Lennon ya había grabado en solitario antes de la separación del grupo. Formó Plastic Ono Band, con Yoko Ono, y a raíz de «Imagine» en 1971 (consagrada como himno en las décadas siguientes) mantuvo una carrera con altibajos, metido de lleno en cuestiones políticas que casi le costaron ser expulsado de los Estados Unidos. De 1975 a 1980 se apartó de la música y cuando regresó, en 1980, un demente lo asesinaría en Nueva York. La herencia Beatle pasó definitivamente a manos de Paul, tan trabajador e incansable como siempre.

Paul rompió los Beatles para dar más fuerza a su primer trabajo en solitario. Pero casi de inmediato lo que hizo fue crear un nuevo grupo, Wings, con Linda McCartney y Denny Laine a la guitarra. Su mejor disco fue *Band on the run*, pero lo cierto es que en pocos años se convertiría en el artista más laureado de la historia, contando sus éxitos con los Beatles, en solitario y con Wings. El primer disco de titanio (superior al de oro o al de platino) fue para él. También promovió un concierto benéfico a finales de los setenta, en pro de los damnificados del genocidio de Kampuchea. Pese a todo, jamás podría luchar ya con la leyenda de John, no en vano los muertos siempre se convierten en héroes antes que los vivos.

¡Y el rock llega al n° 1!

A finales de 1972 se dio la gran noticia: la industria discográfica había superado en ingresos, por primera vez, al cine y a la televisión en los Estados Unidos, el país considerado el «termómetro» de los medios de entretenimiento. Era un récord, la mayor bonanza de la historia. El rock se vestía de oro, como si todo o casi todo lo que se grababa diera dinero. Las corrientes internas no cesaban de dar grandes artistas, se auguraba un futuro aún mejor, lleno de música, récords, discos de oro…

¿Quién iba a pensar que, menos de un año después, todo ese castillo se desmoronaría, como si hubiese estado erigido sobre una simple baraja de naipes?

Fue en octubre de 1973, al estallar la cuarta guerra árabe-israelí, cuando se produjo la conmoción.

Y ya nada fue igual.

Capítulo 17
Tiempos de crisis

La llave del petróleo

¿Por qué una guerra en Oriente Medio iba a desestabilizar el mundo de la música? ¿Qué tenía que ver el problema entre Israel y el mundo árabe con la bonanza rockera del mundo occidental? Pues muy sencillo: en la industria discográfica todo dependía del petróleo y sus derivados. Cuando el 6 de octubre de 1973 se declaró la guerra del Yom Kippur, la cuarta guerra entre árabes e israelíes, y en seis días el Ejército israelí ocupó el Sinaí, los árabes reaccionaron cortando el grifo del petróleo para presionar a Occidente, sumiendo al planeta en su primera gran crisis global desde el final de la Segunda Guerra Mundial.

En tiempos de abundancia, nadie se preocupa del futuro, nadie piensa «qué pasaría si…». Y pasó. El mundo despertó amargamente de su bonanza. Cuando la OPEP (Organización de Países Exportadores de Petróleo) inició las sucesivas escaladas en el precio del crudo, ahogando la economía mundial, se dispararon todas las alarmas. Pocas industrias se libraron de ello, porque, por un lado o por otro, el precio del barril de petróleo repercutía en lo que se hiciera, desde los transportes más caros a las materias primas mucho más costosas. Una de las industrias que más padeció la crisis fue la discográfica. Ya desde los primeros días todas las compañías comprendieron la magnitud de la tragedia y sonaron las primeras voces de pánico: «Hemos producido una inflación agobiante y habrá que ajustarse a la nueva realidad», «Habrá que replantearse el mundo del disco en los próximos años», «Detenerse es difícil pero necesario»… En aquellos días se escucharon por primera vez de forma masiva términos como «polución», «agotamiento» (del planeta), «desastre» (por la dependencia casi exclusiva de petróleo y sus derivados) y otros.

Al comienzo de la crisis, la guerra se desarrolló en la ONU. Tras el corte del grifo petrolífero, los países árabes presionaron a la ONU para que frenara a Israel. La ONU les dio la razón, pero Israel había ganado la guerra, así que era muy difícil devolver las aguas a su cauce. El simple hecho de ser un país proárabe o projudío incentivaba el radicalismo. Los Estados Unidos y Europa necesitaban seguir, impulsar sus industrias, no detener la maquinaria, y en los tres meses siguientes a la guerra el descontrol fue la nota predominante. Las energías «sucias» (carbón) no podían suplir al petróleo, y la nuclear no daba aún para tanto. Además, la crisis pilló al mundo en el periodo navideño. Los que podían, acapararon. Los que no, se resintieron.

Golpe al rock

En el mundo del disco el descalabro fue absoluto. Los fabricantes de bolsas de papel o cartulina para las cubiertas se quedaron sin material. Por si acaso, las *majors*, las grandes, acapararon lo que pudieron, y eso hizo que las pequeñas no pudieran competir. Desde el vinilo de los discos hasta el plástico o las cintas de las casetes, todo dependía del petróleo. Los que más notaron esto fueron los nuevos artistas, porque no pudieron grabar. Si una discográfica tenía vinilo para lanzar un millón de LP, ¿qué era mejor: lanzar el nuevo disco de Elton John, sabiendo que los vendería, o apostar por cuatro nuevos artistas a 250.000 copias cada uno, sabiendo que de los cuatro siempre habría uno que fracasaría y dos que se quedarían a medias? Obviamente la apuesta era clara: primero el grande. Por esta razón en 1974 apenas si hubo grandes lanzamientos y las listas de éxitos se anquilosaron.

Que un gigante como WEA (que aglutinaba a Warner Bros., Elektra/Asylum y Atlantic) dispusiera tan solo de 400.000 unidades para fundas de LP, en lugar de los tres millones habituales, era dramático. También lo era que un disco que empezaba a funcionar no pudiera reponerse en las tiendas, con lo cual el público lo olvidaba por el siguiente éxito. Suecia, la principal proveedora de papel para discos, interrumpió el suministro: sus fábricas no tenían con qué trabajar. En este contexto, Inglaterra fue el país que más acusó el descalabro, reduciendo la producción a un 75 por ciento justo en la mejor campaña del año, la de Navidad. Tampoco se podía planificar nada a largo plazo. Nadie sabía cuándo volverían las aguas a su cauce.

Los discos subieron de precio en una escalada vertiginosa para cubrir las pérdidas derivadas de la falta de materias primas. La Asociación de la Industria Discográfica de América pidió al Congreso «protección oficial» para conseguir un «trato favorable» en el reparto de dichas materias. Todas las plantas trabajaban bajo mínimos. También las nuevas leyes anticontaminación hicieron daño. Se trataba de poner medidas cuanto antes, y en Italia la explosión de una fábrica mostró que las prisas no eran buenas, que primero había que estudiar las consecuencias. Como resumen, hay que decir que en 1974 la industria discográfica había perdido el 50 por ciento de su poder. La solución pasó a ser hacer discos muy comerciales, con el mínimo riesgo. Eso torpedeó la línea de flotación del rock.

La falta de energía afectó también a lo más elemental de la vida de un artista: las actuaciones en vivo. Se cancelaron decenas de giras. Por un lado, el gasto energético para alimentar los grandes escenarios. Por el otro, la falta de gasolina en muchos países. Holanda fue duramente golpeada por la furia árabe. Francia no vendía gasolina los domingos. Por citar dos ejemplos. Si una banda tenía que recorrer Europa, tenía que calcular las circunstancias de cada país por el que pasaba o estudiar las posibilidades de las ciudades en las que iba a tocar. Además, se vendían menos discos y nada era rentable. Demasiado caos para mantener una estabilidad. Desaparecieron muchos grupos pequeños, los grandes se tambalearon. La crisis energética acabó con el rock sinfónico, necesitado de grandes escenarios y mucho consumo, tanto o más que su colapso creativo. Lo siguiente que aparecería sería su antítesis: el punk rock.

En 1975 la crisis empezó a estabilizarse, pero los efectos ya permanecían: el precio de los discos se había cuadruplicado, y también el costo de las entradas de los conciertos. El barril de petróleo seguía un alza incontrolada. El mundo del disco, n° 1 en 1972, había caído en picado.

Las derivadas de la crisis

La crisis energética agitó el mundo de la música y lo debilitó. Una de las primeras consecuencias en Inglaterra fue la segunda huida de sus músicos, como ya había sucedido unos años antes, a causa de los impuestos. El fisco inglés se llevaba el 83 por ciento de lo que ganaba un artista, hubiese editado disco y hecho una gira ese año o no. Las quejas no sirvieron de nada, así que muchos hicieron las maletas para trasladarse a los Estados Unidos o, en algunos casos, a la misma Europa, sur de Francia o Suiza. La primera voz de alarma la dieron Emerson, Lake and Palmer. Luego, la diáspora fue general. Entre los que decidieron irse habían nombres de tanto peso como Led Zeppelin, los Rolling Stones, parte de los Who, Rod Stewart, Olivia Newton-John, los Bee Gees, Jethro Tull y otros. Bastaba con poner un pie en Inglaterra un solo día para que se tuvieran que pagar los impuestos de todo el año. Por otra parte, tener que pagar impuestos obligó a algunos a ponerse las pilas, caso de Eric Clapton, que, tras un periodo de crisis y problemas con las drogas, reapareció a lo grande para no dejar ya su trono de mejor guitarra de rock. El día 13 de enero de 1974 se celebró un concierto en el Rainbow de Londres para festejar la entrada de Gran Bretaña en el Mercado Común Europeo. Este evento sirvió para la vuelta de Clapton. Ya en solitario llegarían grandes éxitos como «I shot the sheriff» o «Tears in Heaven» y LP extraordinarios como 461 *Ocean Boulevard, Just one night* o 24 *nights*.

Lo mismo que en 1959, también se reprodujo el escándalo Payola, la denuncia de que algunos discos sonaban en las radios porque las compañías pagaban a los *disc jockeys*. Este segundo escándalo se inició en 1973 y a comienzos de verano de 1975 los grandes jurados de Newark, Filadelfia y Los Ángeles acusaban a 19 particulares y 6 corporaciones discográficas de una enorme suerte de delitos como evasión de impuestos, fraude postal y telegráfico, conspiración, sobornos y perjurio. En los meses siguientes cayeron nombres ilustres y pequeñas compañías, como el director de la CBS Clive Davis, o los responsables del llamado Philadelphia sound, de gran éxito entonces.

Nunca se demostró, pero que Bob Dylan regresara a los escenarios y realizara su primera gira en ocho años, se dijo que tenía que ver con la guerra del Yom Kippur. Dylan era judío. La gira iniciada con la Band en enero de 1974 motivó que muchos argumentaran que lo hacía para recaudar fondos para la causa sionista. Sea como sea, la vuelta de Dylan fue un hito, lo mismo que el concierto de Elvis Presley, el 13 de enero, retransmitido desde Hawái vía satélite a todo el mundo. Lo vieron 1.000 millones de personas. El planeta se hacía cada vez más pequeño.

Queen

Inglaterra soportó la deriva comercial gracias a su buen mercado interno. En el fondo, T. Rex o Slade reverdecían el pop de los Kinks o los Who en sus comienzos. Un buen número de bandas y solistas mantendrían este nivel, como Suzi Quatro, Hot Chocolate, David Essex o los Bay City Rollers, que dispararon la rollermanía y marcaron el camino a las futuras Boy Bands de las décadas siguientes. Con un nivel de calidad superior quedaban las bandas que buscaban una música de máxima exigencia, Camel, Greenslade, Back Door, Gong o 10 C.C., con su exquisito «I'm not in love», y Stealers Wheel, con su no menos brillante «Stuck in the middle with you». El percusionista japonés Stomu Yamashta, unido a grandes músicos como Michael Shrieve o Steve Winwood, puso la nota exótica. Stomu era ya percusionista de la Orquesta Filarmónica de Kioto con trece años. También había escrito bandas sonoras para el gran maestro Kurosawa.

El gran grupo surgido en este compás histórico fue Queen.

Freddie Mercury había nacido en Zanzíbar. Hijo de un sirviente, a los trece años llegó a Londres. Junto a Brian May (guitarra), John Deacon (bajo) y Roger Taylor (batería) crearía una de las bandas más grandes de todos los tiempos: Queen. Poseedor de una voz única, de increíbles registros, y con una presencia escénica potenciada por su encanto gay, Mercury devino un icono del rock. Su larga serie de éxitos se inició con «Bohemian rhapsody», un largo tema de corte casi clásico que magnificaba tanto su elaborada música como su perfecta conjunción instrumental y vocal. Sus LP se convirtieron en referentes: *A night at the opera*, *A day at the races*, *News of the world*... El mundo del deporte adoptó su canción «We are the champions» para ser interpretada en las grandes celebraciones. Hasta la muerte de Mercury, víctima del sida en 1991, Queen no dejó de ser un referente del rock de final de siglo. La última banda gigante hasta el despunte de U2 y, en menor medida, Coldplay ya en el siglo XXI.

Si Queen fue el grupo, Mike Oldfield fue el artista individual más sorprendente, porque su primer LP, *Tubular bells*, lo grabó íntegramente tocando él todos los instrumentos, que fueron 28, en 80 tomas de estudio hechas por separado. Un trabajo de ingeniería que marcó una época. *Tubular bells* apareció justo antes del estallido de la crisis en la que, entonces, era la primera apuesta de una nueva discográfica, Virgin Records. Virgin eran las tiendas de mayores ventas de discos, y Richard Branson, su dueño, también quiso su editora. Gracias a *Tubular bells* la convirtió en una potencia y él acabaría siendo multimillonario. Cuando estalló la crisis el disco se quedó sin existencias y no pudo ser reeditado ni repuesto en las tiendas por falta de vinilo. Pareció morir sin más, hasta que la música fue incluida en la banda sonora de la película *El exorcista*, la más vista de entonces y, esta vez sí, su reedición lo llevó al n° 1 en todo el mundo. A partir de aquí Oldfield se convirtió en uno de los grandes, con una serie de álbumes impecables.

Queen

La pausa americana

En los Estados Unidos el nuevo escándalo Payola hizo mucho daño a una industria sacudida por la crisis. Los grandes discos del momento fueron británicos, *Dark side of the moon* de Pink Floyd, *Quadrophenia* de los Who, y los nuevos LP de Deep Purple, Paul McCartney and Wings, Elton John o Jethro Tull, sin olvidar a Led Zeppelin, convirtiendo cada gira americana en un acontecimiento. Para los americanos quedaron algunas incorporaciones en el panorama internacional, pero el mayor hallazgo de 1973-1974 no explotaría hasta 1975: Bruce Springsteen.

Merecen atención el soul blanco de la Average White Band, el rock duro de Bachman-Turner Overdrive, las breves carreras de Graham Central Station, Ohio Players y los Ozark Mountain Daredevils, y solistas como Joe Walsh (antes de unirse a Eagles), la divina Bette Midler (luego convertida en actriz), el provocador Gil Scott-Heron (autor de «The revolution will not be televised»), la voz estándar de Barry Manilow, el country de Charlie Rich o el brasileño Eumir Deodato, que aportó un éxito instrumental mundial: «Also sprach Zarathustra». No faltó un grupo maldito, con pocos discos pero mucha importancia por su propuesta y su legado: New York Dolls, antesala del punk americano, tremendistas, espectaculares, vestidos como prostitutas y travestidos.

El Mercado Común Europeo

En la primera mitad de los años setenta, Europa se estaba construyendo. Había seis países miembros del Mercado Común. Cuando en enero de 1973 se pasó de seis a nueve, se dio un paso más hacia la integración global del continente. Eso hizo que, en materia musical, los ingleses (uno de los nuevos países) dejaran de mirarse el ombligo y dirigieran sus ojos hacia lo que estaba pasando en el continente.

Y lo que pasaba era que en otros países, como Alemania, Holanda o Suecia, el rock tenía su propio camino y mucho que ofrecer internacionalmente.

Cuando en diciembre de 1972 se publicaron los clásicos Pop Polls con las listas de los mejores del año, fue toda una novedad ver aparecer entre las promesas a grupos alemanes como Tangerine Dream, Can, Kraftwerk y Amon Düül II o los holandeses Focus, proclamados Mejor Grupo Revelación. Algo se estaba cociendo, y se acabó de cocinar enseguida. Ya en 1973 Focus colocó dos LP en los números 2 y 3 del *ranking* británico. La industria del disco, siempre ávida de novedades, comenzó a rastrear el mercado europeo, país a país, a la caza de las nuevas bandas revelación. Que el auge del rock europeo coincidiera con la crisis energética y el bajón creativo en Inglaterra no fue una casualidad. La bonanza de 1969 a 1973 quedó atrás y si algo tenía y tiene el mundo de la música es la propia capacidad de reinventarse. Los grupos europeos más punteros ficharon por compañías inglesas. Eso sí, tenían que cantar en inglés, los que cantaban, porque los instrumentales no tenían ningún problema.

Del rock alemán, por su peso, se hablará en el próximo capítulo. Por parte de Holanda, Focus, con Jan Akkerman a la guitarra y Thijs van Leer a los teclados, colocaron los LP *Mowing waves* y *Focus 3*, así como los singles «Hocus pocus» y «Sylvia» en los *rankings*. Les seguirían los más comerciales Golden Earring. De todas formas el rock alemán ya había tenido un primer éxito esporádico a nivel internacional en 1969: «Venus», de Shocking Blue, un clásico en el pop desde entonces.

Suecia fue el segundo país en aprovechar el clima, aunque fuese a través del Festival de Eurovisión. Un cuarteto vocal llamado ABBA ganó con «Waterloo» el certamen en 1974 y convirtió a los dos autores, Bjorn Ulvaeus y Benny Andersson, en dos de los más reputados triunfadores en los años siguientes. ABBA tuvo diez números 1 en Inglaterra hasta comienzos de los años ochenta, y todos sus LP fueron superventas. Llegaron a la cifra de 100 millones de discos vendidos en un tiempo récord. Tal fue su peso económico que el fisco inglés impidió que se llevaran sus ganancias a Suecia.

Francia siguió mirando más hacia el interior de sus fronteras. El grupo Magma fue una *rara avis*, lo mismo que el cantante bretón Alan Stivell. Posteriormente la aparición internacional de Jean-Michel Jarre compensó un poco la falta de artistas de relieve mundial. En Italia los festivales de la canción dejaron de interesar poco a poco y aparecieron bandas progresivas como PFM (Premiata Forneria Marconi) o Banco del Mutuo Soccorso, los dos editados por Manticore, el sello de Emerson, Lake and Palmer, en Inglaterra. Más alejados quedaron otros grupos, New Trolls, La Orme, Osanna, Nova o Perigeo. De entre los solistas, Franco Battiato o Claudio Baglioni fueron los más notables.

En España la muerte del dictador Franco, en noviembre de 1975, ayudó a cambiar el panorama. Los grandes grupos pronto empezaron a incluir al país en sus giras, y el rock emergió con algunas bandas que catapultaron el género en busca de una identidad propia.

ABBA

Capítulo 18
En busca del rock perdido

Rock alemán

Al acabar la Segunda Guerra Mundial, Alemania era un país roto y dividido, con la capital, Berlín, repartida en cuatro sectores, uno para cada una de las potencias ganadoras del conflicto: los Estados Unidos, Gran Bretaña, Francia y la Unión Soviética. El Muro de Berlín contribuyó a separar dos mundos antagónicos y la guerra fría le puso la puntilla.

En el sector occidental, las bases americanas eran avanzadas del rock and roll, con clubs y emisoras propias que lo expandían, una música que nada tenía que ver con el folclore alemán y sus esquemas monótonos y nada comerciales salvo para sus propias fiestas populares. Poco a poco, los jóvenes alemanes se sumaron a la moda y a la tendencia rockera, y muy pronto desarrollaron sus propias alternativas. A finales de los años sesenta ya afloró un cierto vanguardismo y la electrónica dominó el panorama antes que en ninguna otra parte.

El llamado rock alemán germinó de forma natural en las comunas en las que se reunían los artistas. La Kommune 1 de Berlín Oeste fue la primera que intentó aglutinar música y política, porque, en un país conquistado y dividido, la política era parte del pan de cada día. En septiembre de 1968 se celebró en Essen el Festival Internacional de Essen Song Tage, y en él ya actuaron grupos fundamentales como Tangerine Dream y Amon Düül. Un año después nace el sello Ohr, el primer sello vanguardista del país, y edita los discos de los Dream y también de Klaus Schulze, Guru Guru, Ash Ra Tempel y Embryo. Cuando parte del equipo de Ohr funda Brain, surge el otro gran sello discográfico que impulsará el rock alemán lanzando a Neu! y Cluster. Otro sello más, Kosmiche musik, los estudios de grabación Inner Space de Colonia y las compañías inglesas principalmente buscando grupos acabarán de dar el salto definitivo. Los Pop Polls ingleses certificarán ese auge a finales de 1972.

Los teclados (sintetizadores) fueron la base del rock alemán, y hay que citar al pionero Karlheinz Stockhausen en este sentido, por ser el primero que forjó la unión música-máquina. Stockhausen fue el padre del dodecafonismo, los sonidos repetitivos o aleatorios. Influido por Pierre Boulez, inició sus experimentos sónicos en los años cincuenta. Algunos de sus discípulos formaron varias bandas del nuevo rock, como hizo Holger Czukay con Can. Stockhausen dejó más de 300 obras compuestas.

Tangerine Dream y Kraftwerk

En los dos primeros años de asentamiento y expansión del rock alemán se editaron alrededor de 500 discos, una cifra asombrosa. Los dos grupos más importantes del movimiento fueron Tangerine Dream y Kraftwerk.

Tangerine Dream estaba liderado por Edgar Froese y era un trío formado íntegramente por músicos electrónicos, lo mismo que Kraftwerk, que en este caso era un cuarteto. Actuaban frente a sus complejos de paneles, en los que producían, mezclaban y repetían sonidos sumergiendo al espectador en una catarsis absoluta. Tangerine Dream hacía temas de 30 o 40 minutos, envolviendo a la audiencia sin necesidad de que ellos se movieran por el escenario como cualquier banda con guitarras y bajos. Editaron una larga serie de LP fundamentales, *Alpha Centauri*, *Phaedra*, *Rubycon*, *Ricochet* o *Stratosfear*. También los hizo Froese solo. Con los años habría cambios en la formación, siempre con él al frente, y ya en los años noventa, sin perder su sonoridad, harían diversas bandas sonoras para películas de Hollywood, entre ellas *Risky business* o *Legend*. Kraftwerk actuaban vestidos de uniforme, de rojo y negro, robotizados. Sus

Kraftwerk

líderes eran Florian Schneider y Ralf Hütter. Hicieron LP igualmente notables, *Autobhan*, *Trans-Europe Express* o *The man-machine*. Fue tal su peso en el contexto de la electrónica que el mismo hip hop bebió de ellos para iniciar su proceso como género musical.

Por detrás de ambos, el núcleo principal del rock alemán a mitad de los años setenta lo integraron Can y Amon Düül 2. Can heredaba formas de Stockhausen y John Cage para hacer una música muy abrupta, algo reflejado en sus tres primeros LP, *Monster movie*, *Tago mago* y *Ege Bamyasi*. Amon Düül 2 fueron una escisión de la Kommune 1 y destacaron también con sus dos primeros LP, *Phallus Dei* y *Yeti*. Un tercer centro de atención queda para Klaus Schulze, la figura individual más notable y creador de la música cósmica. Fueron también destacables Passport, jazz y electrónica bajo el saxo de su líder Klaus Doldinger, y un bloque integrado por Cluster, Agitation Free, Faust, Neu!, Triumvirat, Guru Guru, Popol Vuh, Niagara, Kraan, Floh de Cologne, Ash Ra Tempel...

Rock del sur, rock de las costas

En los Estados Unidos hubo algunas tendencias que destacaron en el tiempo de la crisis y los años siguientes. Modas puntuales que, como siempre, animaron el mercado. La principal fue el rock sureño. De hecho, el rock de los estados del sur ya era muy conocido, especialmente el tex-mex o la música del Delta. Pero a mitad de los años setenta lo que emergió fue un nuevo sonido creado por grandes bandas en ciudades como Macon o Atlanta, estados de Alabama y Georgia, con la Allman Brothers Band a la cabeza.

Duane Allman era el líder del grupo, un guitarra enorme. Su temprana muerte dejó el grupo en manos de su hermano Gregg, apoyado en otro elemento clave, Dickey Betts. Su estilo era bronco, muy enérgico. La aparición de los Allman coincidió con dos sellos discográficos que aglutinaron todo el poder del rock sureño, Capricorn y Sounds of the South. En el primero publicó la Allman Brothers Band, pero también la Marshall Tucker Band y Wet Willie.

Sounds fue una compañía creada por el incombustible hombre de las mil aventuras, Al Kooper. Él fue quien editó los discos de Lynyrd Skynyrd, que crearon el himno sureño por antonomasia, «Sweet home Alabama».

El rock sureño se caracterizó por su sencillez. Con raíces en el folk rural, basaba la instrumentación en las guitarras y el *steel guitar* junto a la presencia de instrumentos poco habituales como el violín o, en menor medida, el acordeón o el banjo. De 1974 a 1977 aportó buenos discos como *Brothers and sisters*, de los Allman. Los Marshall contaban en sus filas con los hermanos Caldwell, y los Skynyrd con Ronnie Van Zant a la cabeza. Por desgracia, un accidente de aviación acabó con él y algunos miembros del grupo en 1977.

Frente al rock sureño se habló bastante del rock *degeneration*, término poco afortunado. ¿Degeneración? Aparecieron bandas como los New York Dolls primero, y después Blue Öyster Cult, que hacían *shows* tremendistas, de tipo satánico, cruces invertidas y parafernalia al estilo de lo que ya había puesto de moda Alice Cooper años antes. Aparecieron cantantes efímeros, como Jobriath, mezcla de Bowie y Nijinsky, bautizado como «la Greta Garbo del rock» y «el ser más hermoso de la música». Un lanzamiento de 200.000 dólares que fue un solemne fracaso. Otro, Wayne County, actuaba travestido de mujer. Un post glam muy dudoso. En cambio los que llegaron para quedarse y marcaron época fueron Kiss, con Gene Simmons de líder. Actuaban disfrazados y maquillados, irreconocibles, vomitaban sangre, había explosiones en escena y sus actuaciones eran tremendistas y excéntricas, pero vendieron millones de discos y continuaron así en las siguientes décadas, con miles de fans (la Kiss Army) adictos.

Espiritualidades varias

En tiempos de crisis muchos se refugian en la religión. El rock no fue ajeno a este fenómeno, aunque no precisamente por la crisis, si bien se habló más que nunca en este momento de las afinidades espirituales de algunas estrellas. Cuando los Beatles hicieron meditación trascendental y George Harrison incorporó la música hindú al sonido del grupo, ya empezó a hablarse de espiritualidad en el seno del rock.

Uno de los lemas más habituales era el de «Sexo, drogas y rock and roll». Otro, «Vive deprisa, muere joven, y así tendrás un cadáver bonito» (frase atribuida a Truman Capote pero popularizada por los Stones). Los artistas aún eran jóvenes. Nadie pensaba en la inevitable decadencia y vejez. Pete Townshend había dicho que no se veía a sí mismo con treinta años. Como remate, en 1976 el lema del punk sería «No hay futuro».

Cliff Richard había estado a punto de dejar la música por la religión. Uno de los Shadows, Brian Locking, se hizo sacerdote. Cliff, la estrella, se convertía una vez al año en pastor y predicaba con su guitarra en pequeños locales de cualquier parte del mundo, casi de forma anónima. A raíz de la presencia del gurú Maharishi Mahesh Yogi en la vida de los Beatles, otros gurús se hicieron célebres. El más famoso fue Sri Chinmoy, que bautizó a John McLaughlin como Mahavishnu, a Carlos Santana como Devadip, a Alice Coltrane como Turiya y a Michael Shrieve como Maitreya. John y Carlos daban parte de sus beneficios a la orden de Chinmoy. Santana también decía que «antes había vivido en el fango y ahora en la luz».

Pete Townshend (los Who) abrazó la Fe Bahá'í y era seguidor de Meher Baba (al que dedica un tema en el gran *Who's next*). También Roger McGuinn (los Byrds) y Seals and Crofts eran adictos a ella. Jeremy Spencer (Fleetwood Mac) seguía a los Hijos de Dios. Chick Corea pertenecía a la cienciología (impulsada por Lafayette Ronald Hubbard y perseguida en muchos países). El lado más oscuro lo vivió Peter Green, líder de Fleetwood Mac, que dejó la banda, donó sus derechos a una secta y desapareció de la música. Trabajó de barman, en un hospital, vivió en una comuna en Israel y finalmente se recuperó, aunque ya a finales de los años setenta. El más famoso caso de renuncia fue el de Cat Stevens, que se hizo musulmán, se cambió el nombre a Yusuf Islam y se radicalizó hasta el punto de apoyar la *fatua* lanzada contra el escritor Salman

Rushdie por sus *Versos satánicos*. Y no hay que olvidar al boxeador Cassius Clay, convertido en Muhammad Ali, que se negó a cumplir el servicio militar y fue desposeído de su corona de campeón del mundo.

En los años ochenta y noventa muchas estrellas del hip hop pertenecieron a la Nación del Islam.

Bruce Springsteen

Un niño de Freehold, New Jersey, de siete años, decidió ser rockero el día que vio a Elvis Presley en el *Ed Sullivan show*. Se llamaba Bruce Springsteen.

Durante ocho años, al frente de diversas bandas, actuando en el Greenwich Village de Nueva York y forjándose en los directos, Bruce aprendió los secretos del oficio. En 1972 su primer mánager lo llevó a la CBS y la compañía vio en él al «nuevo Dylan». El primer álbum apareció en 1973, *Greetings from Asbury Park, N.J.* El segundo en 1974, *The wild, the innocent and the E Street Shuffle*. Los dos pasaron bastante desapercibidos. Pero el grupo que ya había logrado reunir, la E Street Band, con el saxo Clarence Clemons, ofrecía una potencia en los directos que presagiaba lo mejor, con *shows* de tres horas en los que toda la fuerza de su sonido estallaba a plena potencia. Además, grupos como Manfred Mann o los Hollies lo descubrían y triunfaban haciendo versiones de sus canciones. Del «nuevo Dylan», por sus largos temas y las letras explicando prolijas historias, pronto se olvidaron todos. Bruce dio 117 conciertos en 1973 y 118 en 1974. Jon Landau, crítico de la revista *Rolling Stone*, le vio en uno de ellos y escribió su famosa leyenda: «He visto el futuro del rock y se llama Bruce Springsteen». En 1975 apareció «Born to run», single y LP, y ese futuro se hizo presente.

Desde 1975 Bruce ha sido uno de los grandes referentes del rock planetario. Sus potentes conciertos, su personalidad, su familiaridad aun siendo una estrella, lo han diferenciado siempre del resto. Sus álbumes, *Darkness on the edge of the town*, *The river*, *Born in the USA* o el

Bruce Springsteen

quíntuple en vivo Live 1975-1985, marcaron su primera década de vida artística y son una pequeña muestra de la grandeza del rockero por excelencia desde el último cuarto del siglo XX. Solo en la gira «Born in the USA» se publicaron 200 LP piratas. Hoy en día es el cantante más seguido y hay vídeos o grabaciones de todos sus conciertos, y son muchos cada año.

Antes del punk

Superada la parte más dura de la crisis energética en 1974, a finales de este año y ya en 1975 aparecieron algunas figuras de gran peso en los siguientes años y, algunas, incluso en las siguientes décadas.

Supertramp fue una de ellas. Un oscuro grupo inglés liderado por Roger Hodgson y Rick Davies, que había editado dos LP sin éxito, se remodeló en 1974 con tres nuevos elementos, entre ellos el saxo John Helliwell, y reapareció con un álbum de los que marcan época, Crime of the century. Editado a finales de año y con el single «Dreamer» como bandera, fueron n° 1 en todo el mundo. A partir de aquí fueron una de las bandas de más éxito internacional con sus nuevos discos, Crisis? What crisis?, Even in the quietest moments y el definitivo Breakfast in America. La marcha de Hodgson en los ochenta paralizó un poco la progresión, pero siguieron sin él.

Otro grupo de leyenda fue Aerosmith, con Steven Tyler de cantante y Joe Perry a la guitarra. En su primera vida fueron la réplica americana de los Stones, con LP impactantes como Toys in the attic o Rocks. Inmersos en una crisis de crecimiento, regresaron en los años ochenta para quedarse y siguieron marcando pautas con un rock lleno de poder y una eficaz puesta en escena basada en el carisma de sus líderes.

Bad Company se formó con dos miembros de Free (el cantante Paul Rodgers y el batería Simon Kirke), uno de Mott the Hoople (el guitarra Mick Ralphs) y otro de King Crimson (el bajo Boz Burrell). Su primer LP les confirmó con el n° 1 aunque no tuvieron una larga carrera. Lo mismo sucedió con bandas americanas como Kansas

Supertramp

Aerosmith

(su gran éxito fue el clásico «Dust in the wind»), Styx («Lady»), Boston («More than a feeling»), REO Speedwagon («Keep on loving you») o los más duraderos Journey. Bob Seger and the Silver Bullet Band estaban en la línea de Springsteen y dejaron huella con varios álbumes poderosos, entre ellos *Stranger in town*. Rainbow fue el nuevo grupo de rock duro formado por el ex Deep Purple Ritchie Blackmore, con una sólida carrera en la que destaca «Long live rock 'n' roll». Mención aparte merece Alan Parsons, ingeniero de grabación en discos como *Abbey road* de los Beatles o *Dark side of the moon* de Pink Floyd. Alan siguió en su lugar, en la cabina de grabación, pero compuso y produjo discos que grababan y cantaban músicos diversos, logrando un sonido único y una excelsa obra con grandes éxitos, *I robot*, *Pyramid*, *Eve*, *The turn of a friedly card* o *Eye in the sky*. También aparte hay que citar a Billy Joel, que arrancó con un tema ya clásico, «Piano man», y los grandes guitarras Pat Metheny, Lee Ritenour, Pat Travers o Robin Trower.

La larga lista de artistas surgidos en esta mitad de los setenta puede completarse con una mención rápida de algunos de ellos y en todos los géneros, Little River Band, Firefall, Ambrosia, Brand X (grupo alternativo de Phil Collins), Eddie and the Hot Rods, Edgar Winter, los Rubettes, Showaddywaddy, Paper Lace, Sparks, Be-Bop Deluxe, Ace («How long»), Leo Sayer («More than I can say»), Cockney Rebel (con Steve Harley), Dr. Feelgood (con Wilko Johnson a la guitarra), los Eleventh House (con el guitarra Larry Coryell), Graham Parker and the Rumour, los Tubes (espectaculares en sus directos) o los vocalistas de los Manhattan Transfer, originales en su propuesta retro; y en el campo del rock duro, Montrose (con Sammy Hagar de cantante), UFO (con el guitarra Michael Schenker), Ted Nugent ya en solitario o el primer grupo de rockeras salvajes con peso en la historia, las Runaways, con Joan Jett y Lita Ford al frente. Todas tenían dieciséis o diecisiete años en su debut.

También hubo un musical de referencia *The rocky horror show*, de Richard O'Brien, representado hasta el presente miles de veces como obra de culto y *kitsch*. Aunando el mito de Frankenstein con el rock, pasó también al cine.

El germen del disco sound

A mitad de los años setenta existían 100.000 discotecas registradas en los Estados Unidos, y el auge iba a más. Los grandes éxitos bailables tenían pues asegurada una venta mínima de 100.000 ejemplares solo contando con aquellas.

La industria del disco siempre se había fijado en las discotecas. Hacer música bailable era una parte del negocio. Estaba por llegar el gran *boom*, que se produciría a finales de la década, pero ya se estaba creando el campo de cultivo. «Rock your baby», de George McCrae, fue uno de los primeros hits discotequeros, en 1973. Muy pronto llegarían Gloria Gaynor y su «I will survive» y la gran Donna Summer, americana pero lanzada desde Alemania con el productor Giorgio Moroder. El primer disco de Donna, *Love to love you baby* duraba 17 minutos, ideal para llenar pistas. Luego aparecieron Earth, Wind and Fire («September», «Boogie wonderland»), los Hues Corporation («Rock the boat») y Carl Douglas («Kung Fu fighter»). Un productor llamado Frank Farian contrató voces de alquiler para grabar un tema compuesto por él. El éxito fue tal que tuvo que reunirles y convertirles en un grupo, Boney M, que marcó el ritmo de las discotecas en los siguientes años con «Daddy cool», «Ma Baker», «Rivers of Babylon» o «Rasputin». Vendieron 50 millones de discos.

Con la veda abierta, aparecerían Commodores (con Lionel Richie de cantante principal antes de que, ya en solitario, se convirtiera en un gran solista), KC and the Sunshine Band («That's the way I like it») o Chic, que, con Bernard Edwards y Nile Rodgers, barrió con «Le freak». Los estudios Criteria en Miami y Múnich como capital de la música disco en Europa crearon sus propias fuentes de energía bailable. El alud ya fue imparable y dos docenas de artistas tuvieron su momento de gloria. El padre del funk, George Clinton, tuvo dos bandas notables, Parliament y Funkadelic.

Poco a poco, las discotecas fueron los nuevos templos de la música ligera, fácil y destinada a bailar y nada más que bailar. En Nueva York abrieron los grandes templos, Paradise Garage, Infinity o

Le Jardin, hasta que en 1977 apareció Studio 54, en lo que antaño había sido la Gallo Opera House, en la calle 54 Oeste. Nadie que no fuera in podía cruzar su puerta y todo el que era alguien pasaba por allí. Había reservados, zonas VIP, la droga estaba tolerada y la fama de sus orgías privadas se hizo legendaria. En 1978 hubo una acusación contra los dueños por evasión de impuestos y el club cerró en 1980, pero su leyenda ya estaba hecha, como lo prueba la película hecha veinte años después. La fiesta de despedida fue bautizada como *Going away to prison* (Nos vamos a la cárcel).

El maxisingle

Para asegurarse sus éxitos discotequeros, las discográficas contrataban *disc jockeys* para que pincharan los discos antes de ponerlos a la venta. Dependiendo de la reacción de la gente, si se echaban a la pista a bailar o no, se hacían cambios o simplemente las canciones no aparecían en single sino como parte de un LP. Ese trato de preferencia era conocido como *record pool*.

Lo que se buscaba en suma era el mejor sonido que se pudiera producir y, de la manera más curiosa, nació el maxisingle, es decir, un simple tema de 3, 4 o 5 minutos insertado en la cara de un vinilo de tamaño LP. Un *disc jockey*, Tom Moulton, y el ingeniero de grabación de los Media Sound, José Rodríguez, fueron accidentalmente los responsables del «invento». Una noche se quedaron sin placas de 7 pulgadas (single). Moulton quería pinchar cuanto antes y en primicia la canción «I'll be holding on», de Al Downing. Así que para no perder tiempo colocó el tema en una placa de LP. Cuando lo puso en la discoteca fue increíble, porque a mayor espacio y separación en las estrías del vinilo la fuerza de los bajos y la calidad del sonido en general era espectacular. También era mejor la manejabilidad a la hora de poner o sacar los discos. El hallazgo se convirtió en un hito y la industria lo comercializó en 1976 oficialmente.

Capítulo 19

Punk

Las pequeñas compañías

La crisis del petróleo hizo que las grandes compañías trataran de afinar mucho en sus lanzamientos. No podían desperdiciar vinilo ni el papel de las fundas. Y aunque la crisis menguó poco a poco, los efectos se mantuvieron. Salvo los muy adictos a un artista, el público dejó de comprar muchos discos, a veces con uno o dos éxitos y el resto material de relleno, volviendo a la búsqueda del single con el tema que les interesaba. En 1978, cinco años después de estallar la crisis, se vendían el doble de singles que en 1973. Salir de la crisis tampoco representó la tabla de salvación final. Las dos grandes compañías inglesas de los sesenta, EMI y Decca, hicieron agua a pesar de tener una a los Beatles y la otra a los Stones. EMI tuvo que buscar una fusión y a Decca la compró el grupo Poly-Gram. Tampoco hay que olvidar la piratería. En 1975 se calculaba ya que existían unos 250 millones de discos piratas en el mercado. Frente al desplome de los tótems, fue el momento de las pequeñas discográficas independientes. A ello contribuyó el punk.

En Inglaterra la espiral fue muy rápida, aunque el fenómeno también se reprodujo en los Estados Unidos, especialmente en Nueva York. Virgin Records había sido el ejemplo: un pequeño sello, aunque la cadena de tiendas fuera enorme, y el éxito de Mike Oldfield para encumbrarlo. Stiff Records (stiff significa estirado, palo, tieso, pero también petardo en sentido irónico) publicó su primer single el 14 de agosto de 1976: «So it goes» de Nick Lowe (al comienzo los vendían por correspondencia). Dos mánagers, Dave Robinson y Jake Riviera, la pusieron en marcha con solo 400 libras. Su inventiva y las fórmulas para abaratar costes abrieron el camino: publicaban discos en vinilos de colores, cambiaban dos discos viejos por uno nuevo (para reciclar y reutilizar el vinilo), los LP a veces ofrecían una de las dos caras grabada en vivo, editaron minisingles de 5 pulgadas (dos menos de lo habitual) y singles de 25 centímetros a 78 revoluciones por minuto en lugar de las 45 habituales. Otra novedad fue lanzar un disco de Ian Dury con 52 portadas distintas, para los coleccionistas. Pero sin duda lo más innovador fue recuperar las giras con varios artistas de la casa, como se hacía en los años sesenta, para ahorrar gastos. En unos pocos meses el catálogo de Stiff reunía a Elvis Costello, Ian Dury, Lene Lovich, Madness y Nick Lowe. Stiff abrió el camino a otros, Chiswick, Beggars Banquet (su gran estrella fue Gary Numan), Rat Race, los Dead Good, etc.

En los Estados Unidos la principal fue Sire Records, que descubrió a Talking Heads, los Ramones, Flamin' Groovies y... a Madonna ya en los ochenta. El secreto de Sire fue apostar por artistas diferentes cuando la mayoría, y más tras los fracasos de los New York Dolls y otros, no lo hacían.

De todas formas, el fenómeno, muy importante, no duró más de una década. Las *majors* acabaron adquiriendo a las pequeñas o, directamente, les robaban a los artistas con contratos más suculentos.

El punk rock como escape

La crisis dejó en Inglaterra tres millones de parados. El problema iba más allá: la nueva generación de chicos y chicas en edad laboral se encontraron con el peor de los futuros. No es de extrañar, pues, que el lema punk fuese «No hay futuro». Cientos de jóvenes se lanzaron al ruedo de la música como única oportunidad. Bastaban tres acordes de guitarra y un cantante gritón. Y por supuesto ser provocadores.

El punk fue rompedor, marcó un cambio profundo no solo en la música, sino en la moda y el comportamiento de los adolescentes de 1976 y 1977. En menos de dos años llegó al máximo y luego se devoró a sí mismo. Quedó el legado, algunos grupos supervivientes, y poco más, aunque, como en el caso de los hippies, los punkies ya no desaparecieron. Sobrevivió su esencia más allá de las modas.

Los beatniks habían sido idealistas, los hippies románticos. Los punkies se decantaron por el lado oscuro y el feísmo. Maquillajes negros, ropas oscuras, cabellos cortados de manera irregular con formas extravagantes como crestas, de colores, y una parafernalia muy llamativa formada por cadenas y candados colgando del cuello, imperdibles en nariz, boca u orejas, cuchillas de afeitar, cremalleras y la ropa rota por todas partes. Que un joven rompiera su camiseta y saliera a la calle con ella era un grito de rebeldía. Lo malo es que a los pocos días las grandes tiendas ya vendían ropa rota, ropa punk. También cambiaron otra estética, la discográfica. Las portadas de los discos o los pósteres se confeccionaban con letras recostadas, de diferentes tipografías, formando las palabras. Por si fuera poco, los punkies se atrevieron a desafiar a «sus mayores», atacando a los Rolling Stones por viejos o a los Who por las palabras de Townshend unos años antes sobre lo de llegar a los treinta años. Un lema punk fue «Si pasas de los 25 estás acabado. Si tienes 30, muérete».

El rock sinfónico ya no existía mayoritariamente, y la tecnología no estaba para esos nuevos grupos, así que ellos se limitaron a la fórmula clásica: guitarra, bajo y batería. Las actuaciones estaban repletas de peleas, escupitajos de uno a otro lado, brutalidad sonora y poco más. Los grandes del rock actuaban en estadios, los punkies lo hacían en pequeños clubs, aunque no todos estaban dispuestos a permitir que sus locales acabasen destrozados.

Punk significa basura, algo despreciable, en inglés académico «rufián» y en el slang callejero o más aún el carcelario es el preso del que se abusa sexualmente. En los años sesenta se había llamado punk a la música hecha por malos artistas o que sonaba sucia. Y, sin embargo, escrutando la historia, pronto se hallaron antecedentes, como «Gloria» de Them, «Louie Louie» de los Kingsmen, «96 tears» de Question Mark and the Mysterians o «Get me to the world on time» de los Electric Prunes. En los Estados Unidos la gloria se la llevaron los Velvet Underground de Lou Reed y los Stooges de Iggy Pop.

Londres, primavera de 1976

Las pequeñas compañías discográficas fueron perfectas para el punk, muy limitado y lleno de carencias pese a su explosiva presencia en el contexto de 1976 y 1977. No había grandes costes en los discos que se grababan sin excesivas complejidades, básicamente singles, a la espera de que sonara la flauta del éxito. Las grandes editoras, además, no querían saber nada de la nueva tendencia, ex-

cesiva para su mentalidad. Ni la televisión presentaba grupos punkies ni las radios programaban los discos por el lenguaje. El punk
fue atacado de manera visceral hasta que su éxito (al menos como
tendencia) les obligó a replantearse el tema. Si no puedes vencer a
tu enemigo, únete a él y dirígelo. Y lo hicieron.

El punk comenzó a cobrar intensidad a finales de 1976 y en la
primavera de 1977 estaba en su apogeo. King's Road, en Londres,
era el centro neurálgico. Las tiendas eran escaparates de la moda.
Como cientos de turistas iban a la calle a ver y fotografiar el des-
file de tipos raros y estrafalarios, en unas semanas los punkies se
hartaron de ellos. Medio año después, la música y la moda iniciaron un rápido repliegue del que ya no salieron. Si la primera regla
punk era no tener reglas, es lógico pensar en una falta de cohesión
del movimiento. Todo fue muy rápido. Los punkies se autopro-
clamaban pacifistas, pero los conciertos eran pura violencia. Los
más radicales adoptaron simbología nazi y eso fue una losa que no
pudieron quitarse. También hubo polémicas en torno a las drogas.
Unos decían que era el momento de apartarlas de la música y otros
las defendían como parte de la idiosincrasia rockera.

Al final de 1976 los Pop Polls británicos escogieron como mejor
disco del año *A trick of the tail*, de Genesis (ya con Phil Collins como
cantante en lugar de Peter Gabriel). Una prueba de que se mantenían las formas.

Y, sin embargo, el punk llenó todas las páginas de los periódicos
musicales de medio mundo, con un grupo que se llevó todos los
honores y fue el ejemplo del género: los Sex Pistols.

Los Sex Pistols

El punk fue un grito en la noche mantenida con la secuela de la
crisis, y los que más gritaron en ella fueron Sex Pistols.

Pero antes de llegar a los Pistols, se preparó el camino. Eddie and
the Hot Rods está considerado el primer grupo prepunk inglés, y
el single *New rose*, de los Damned, el primer disco etiquetado como

Los Sex Pistols

punky. El single se editó en octubre de 1976. Un mes después debutaron los Sex Pistols con «Anarchy in the UK», todo un éxito en las listas. Por la brecha se colaron las principales bandas adscritas al nuevo movimiento, entre ellas los Clash y los Stranglers. «Anarchy in the UK» y «Your generation», de Generation X, se convirtieron en los himnos del cambio. Seguirían otras canciones punteras, «Less than zero» de Elvis Costello, «In the city» de los Jam y «White riot» de los Boomtown Rats.

Malcolm McLaren era un avispado empresario y productor con una tienda «de moda» en King's Road. Descubrió a un trío de músicos formado por Steve Jones (guitarra), Glen Matlock (bajo) y Paul Cook (batería). Luego buscó a un cantante y encontró a John Lydon, al que rebautizó como Johnny Rotten (Juanito el Podrido). En plena ascensión punk, Malcolm consiguió que EMI les diera 40.000 libras por ficharlos, la cantidad más alta pagada en la historia por unos desconocidos. Entonces sucedió lo impensable: al programa *Today* de la BBC, presentado por Bill Grundy, tenía que asistir Queen. Cuando ellos lo cancelaron por un imprevisto, EMI decidió aprovechar el hueco para promocionar a su nuevo grupo. Los Sex Pistols fueron a la BBC y... la televisión tardó solo un minuto y medio en cortar la emisión. Dijeron tantos tacos y groserías que el escándalo fue mayúsculo. EMI liquidó el contrato con 50.000 libras de indemnización.

La nueva compañía de los Sex Pistols fue AandM Records. El 12 de marzo de 1977 firmaron el contrato en un tenderete instalado frente al Palacio de Buckingham ya que el nuevo single del grupo iba a ser «God saves the Queen». La canción no era precisamente un himno por los veinticinco años de reinado de Su Majestad, celebrado entonces. La reacción de los artistas de AandM, como Rick Wakeman o Peter Frampton, fue protestar por compartir sello con los Pistols. La discográfica temió perder a sus estrellas. Poco después los miembros del grupo dieron una paliza a un *disc jockey* que no quiso poner su disco en la radio. AandM rescindió el contrato con otras 75.000 libras de indemnización. El grupo era rico con solo dos singles.

Con la entrada de Sid Vicious al bajo, los Sex adquirieron ya toda su fama. A Matlock lo echaron por decir que le gustaban los Beatles. Finalmente fue Virgin la compañía que editó «God saves the Queen» y el controvertido LP *Never mind the bollocks, here's the Sex Pistols*. Las tiendas de discos se negaron a vender el álbum, las emisoras no lo radiaron. El título ya era obsceno de entrada (Nos importa unos cojones, somos los Sex Pistols). Tuvo que venderse dentro de una bolsa negra. La policía inglesa envió agentes tienda por tienda poniendo tiras adhesivas negras sobre la palabra *bollocks*. Se multó a las tiendas que desafiaron al sistema y lo exhibieron en sus escaparates. Y, pese a todo, el single vendió 250.000 copias y el LP llegó al n° 2 de las listas de éxitos.

Los Sex estaban en lo más alto, desafiando al sistema y sirviéndose de él a la vez. Sus escándalos eran constantes (un grupo neonazi acuchilló a Rotten como guinda). Y de pronto, en plena gira americana, viéndose caminar sobre alfombras rojas y tratados como estrellas, viajando en limusinas o durmiendo en *suites*, se separaron. Simple y rápido. Su vida se resumió en el documental *The great rock and roll swindle* (La gran estafa del rock and roll).

Lo que siguió fue otra historia. Rotten formó una nueva banda, Public Image Ltd., y Sid Vicious fue acusado un año después de haber matado a su novia, Nancy Spungen. Salió en libertad provisional y murió de una sobredosis de heroína el 2 de febrero de 1979. También su vida fue llevada al cine.

Los grupos del punk

El punk no sobrevivió, pero muchos de los artistas nacidos bajo su influencia sí lo hicieron, evolucionando rápidamente. El gran grupo fue Clash, con Joe Strummer de líder. Surgidos antes que los Pistols, dejaron su huella en los discos *London calling* y el triple *Sandinista!* Los Boomtown Rats, con Bob Geldof al frente, tuvieron un gran éxito con «I don't like mondays». Geldof tendría después una breve carrera como actor de cine (*The Wall* en 1980) y en 1985 sería el promotor del gran concierto Live Aid. Los Stranglers consiguieron una aureola de grupo sólido con «Rattus norvegicus IV» y «No more heroes». Más comerciales fueron los Jam de Paul Weller, que en 1980 fueron elegidos mejor grupo, cantante, guitarra, bajo y batería, además de mejor álbum por *Setting sons*. Paul seguiría después en solitario y con otra banda notable. También Elvis Costello adquiriría estatus de estrella en las siguientes décadas. Nick Lowe se pasó a la producción y fue responsable de éxitos para Graham Parker, Dr. Feelgood o el propio Costello. Ultravox derivaron hacia un pop rock sofisticado que culminó en los años ochenta con temas como «Vienna». No faltaron cantantes o grupos femeninos, con Siouxsie and the Banshees a la cabeza. Las Slits (traducción literal «rajas» en alusión al sexo femenino) fueron las primeras chicas en formar una banda. La mayoría desapareció rápido, pero de Generation X saldría el talento de Billy Idol, de gran éxito como solista en los ochenta. Una reina punk fue la alemana Nina Hagen, mientras que en los Estados Unidos de la primera oleada destacaron pocos, los Rezillos o los Dead Boys.

Un grupo que apareció con el sello punk fueron los Police, pero no se trató más que de una máscara para seguir la moda. El guitarra Andy Summers ya era un veterano de treinta y seis años que había tocado con Eric Burdon entre otros. Con Stewart Copeland a la batería y el genio de Gordon Matthew Thomas Sumner (apodado Sting) al bajo y voz, el trío fue uno de los más grandes de la historia, con innumerables éxitos, como «Roxanne», «Message in a bottle» o «Every breath you take», y LP de ventas millonarias, *Outlandos d'amour, Reggatta de blanc, Zenyatta mondatta, Ghost in the machine* o *Synchronicty*. Desde su primer disco en 1978 a la separación de 1985, fueron un referente único mezclando incluso reggae en algunas de sus primeras composiciones. Sting iniciaría otra gran carrera en solitario posteriormente.

Los Police

El punk en América

En los Estados Unidos el punk fue más musical que estético. En la mayoría de las ciudades importantes, Nueva York o San Francisco, no había una King's Road como escaparate de la moda. El punk americano fue subterráneo y nació tanto en los garajes donde los jóvenes ensayaban como en los clubs neoyorquinos más emblemáticos, CBGB's o Max's Kansas City. Sí se repitió en cambio el modelo de las pequeñas compañías avalándolo.

Ramones fue la primera gran banda de rock asimilada al punk. Su larga supervivencia, el modelo de grupo que crearon, su influencia futura y su legión de fans traspasaron el momento de su nacimiento y primer éxito. Temas furiosos, breves, contundentes, y honestidad para ser libres, crearon una aureola imborrable. Talking Heads por su parte crearon el concepto art-rock. Con David Byrne al frente y una elegante puesta en escena, pronto se desmarcaron de las etiquetas. Byrne seguiría después en solitario como artista global, haciendo música, televisión o cine. El grupo más exitoso en lo comercial fue Blondie, con la cantante Debbie Harry al frente. Colocaron en los rankings un buen número de éxitos, «Heart of glass», «Atomic», «The tide is high» o «Rapture». Otras figuras de relieve fueron Television (grupo de Tom Verlaine), Mink DeVille, Jonathan Richman and the Modern Lovers, los Heartbreakers, Richard Hell, los Dictators, Suicide, Laurie Anderson o Plasmatics (cuya cantante, Wendy O. Williams, cantaba con los senos al aire). La reina punk fue Patti Smith, más poetisa que cantante, que arrasó con su primer LP, Horses, y el single «Because the night», versión del tema de Springsteen.

Básicamente, en los Estados Unidos el punk fue minoritario, y centrado en Nueva York, pero, como suele suceder, motivó a futuros músicos que nacieron ya a finales de los setenta.

Segunda crisis

En 1977 hubo una segunda crisis del petróleo, pero sus efectos resultaron menos catastróficos que la de 1973. También es cierto que el mundo ya estaba advertido y las consecuencias fueron más previsibles. Todavía faltaban muchos ajustes en las economías del planeta.

Dos de los nombres propios más interesantes fueron Foreigner y Meat Loaf. Foreigner fue un grupo integrado por miembros selectos de otras bandas (King Crimson, Spooky Tooth), con Lou Gramm de cantante. Tuvieron una década de éxitos coronada en 1985 con el excelso «I want to know what love is». Meat Loaf (Cacho de carne) fue un rockero de impresionante voz con canciones épicas de diez minutos (muchas con profunda carga erótica) y que interpretaba de forma dramática. Sus dos primeros discos hicieron de él un artista inclasificable a pesar de su esencia rockera: *Bat out of hell* (82 semanas entre los más vendidos) y *Dead ringer*. Se dedicó al cine unos años ante los problemas de garganta que le impidieron cantar, aunque reapareció en 1993.

Muchos líderes de bandas importantes se lanzaron en solitario, como Peter Gabriel de Genesis o el itinerante Steve Winwood. Además de sus grandes éxitos («Games without frontier», «Salisbury Hill» o «Don't give up»), Gabriel fundó en 1982 el WOMAD (World of Music, Arts and Dance), que se encargó de rescatar la música de los cinco continentes. Otros artistas que dejaron huella fueron Bonnie Tyler («Total eclipse of heart»), Metro, Sea Level, Rocky Sharpe and the Replays, los pioneros del rock australiano Flash and the Pan o Chris Rea, consagrado en los años siguientes con una sólida discografía.

1977 fue un año que pasó a la historia por la muerte de Elvis Presley. El 16 de agosto su novia Ginger Alden lo encontraba inconsciente por un cóctel de medicamentos y murió en la ambulancia que lo llevaba al hospital. Elvis llevaba años luchando contra la obesidad. Actuaba en Las Vegas unos meses y se recuperaba otros meses más. Víctima de depresiones, su corazón dijo basta. No fue el único muerto. También cayeron Marc Bolan y el cantante americano pre Sinatra por antonomasia: Bing Crosby.

Los datos relativos a la venta de discos en el gigante americano mostraron dos hechos a tener en cuenta en los cinco años siguientes. Por un lado, que la industria la polarizaban dos gigantes, el grupo CBS (Columbia, Epic y AandM) y el grupo WEA (Warner, Atlantic y Elektra-Asylum). Si en 1976 se concedieron 37 discos de platino y 149 de oro, certificados por la RIAA (Recording Industry Association of America), y en 1977 fueron 68 y 183, en 1982 la cifra sería de 54 y 128 respectivamente. Un claro estancamiento que indicaba también un retroceso comparativo.

Capítulo 20
Música de baile, disco sound fever

La diáspora

Después del impacto (más ruidoso que comercial, al menos discográficamente) del punk rock, el quinquenio que va de finales de los setenta a comienzos de los ochenta estuvo marcado por la diáspora. Todos los caminos conducían al rock y a la música de baile, pero con infinidad de tendencias, mayoritariamente comerciales y vendibles. En cinco años se habló de new wave, new romantics, pub rock, power pop, new heavy metal, rock cibernético, ska-bluebeat… Etiquetas todas casi siempre marcadas por la efervescencia de artistas concretos. La moda también giró en torno a esas etiquetas, desde los colores y fantasías de los new romantics a la corbata y el pelo corto del power pop, la vuelta a las melenas con el heavy o la robotización tecnológica de los cibernéticos. Una simple caja de ritmos servía para hacer toda la música en un escenario.

La segunda crisis del petróleo, en 1979, ya no modificó los hábitos: precios altos en los discos y economías arrasadas por el alza del crudo.

El momento de las discotecas

Un periodista musical llamado Nik Cohn escribió un artículo en el *New York Magazine*: «Los ritos tribales del sábado por la noche», para hablar de la locura desatada en las pistas de baile los fines de semana. El productor Robert Stigwood, famoso por haber hecho las versiones teatrales de *Jesus Christ Superstar* (Jesucristo superestar) y *Hair* o la fílmica *Tommy*, comprendió la mina de oro que había en ese mundo. En las calles había crisis, parados y problemas, pero las discotecas eran las burbujas en las que los jóvenes se refugiaban para olvidarlo todo. Así fue como planificó una película que reflejara ese ambiente. Necesitaba un actor y la música. El actor lo encontró en un semidesconocido llamado John Travolta. La música la aportaron los nuevos Bee Gees. Nuevos porque se habían reciclado sabiamente y ya hacían discos claramente discotequeros.

Travolta había jugado al *rugby* semiprofesional, estudió baile, hizo anuncios y actuó en la versión teatral de *Grease*. Su mejor papel lo tuvo en *Carrie*, basada en la novela de Stephen King. Para la historia pasará como el gran Tony Manero de *Saturday night fever* (Fiebre del sábado noche), la película musical más arrolladora de su tiempo. Su pose con el brazo en alto y el traje blanco es un icono. Luego, ya estrella, protagonizaría *Grease* en el cine. Los Bee Gees recibieron la visita de Stigwood en un castillo francés, mientras hacían las mezclas de su doble LP en vivo *Here at last... live*. Convencidos por el productor, y en un tiempo récord, compusieron 8 de las 18 canciones de la banda sonora de *Saturday night fever* en el mismo Château d'Hérouville. La película, estrenada a mediados de 1977, aportó la música que dominó las listas de 1978 y fue el doble LP con más números 1 de la historia sin ser un recopilatorio. El álbum estuvo 24 semanas en el pódium y fue el disco del año en todas las clasificaciones: pop, rock, rhythm and blues o soul. Entre las canciones más significativas destacaron «How deep is your love», «Stayin' alive» y «Night fever» de los propios Bee Gees. La película, por su parte, fue el film musical de mayor recaudación en la historia del cine al menos hasta 1980, con 74 millones de dólares. La siguiente película de Travolta, *Grease*, con Olivia Newton-John de compañera, fue puro *revival* del rock and roll de los cincuenta.

La fiebre discotecas-cine daría como resultado una serie de películas musicales de gran impacto en los años siguientes, *Times Square*, *Thank God, it's Friday* (con Donna Summer y Commodores en el reparto), *Car wash*, *FM*, *Sgt. Pepper's Lonely Hearts Club Band* (todo un fracaso, con los Bee Gees y Peter Frampton en el supuesto papel de los Beatles).

Los Bee Gees

Todas las estrellas del disco sound se beneficiaron, y además aparecieron otras, como Village People («In the Navy», «YMCA», «Go west»). También se benefició el hermano pequeño de los Bee Gees, Andy, aunque su prematura muerte le apartaría del camino.

Los hallazgos del disco sound

En Nueva York, las discotecas eran caras y selectas. La mayoría de los negros no tenían poder adquisitivo para tanto ni les era fácil acceder a los templos del baile. De esta forma fue como nacieron los *block parties*, es decir, fiestas celebradas en los patios interiores de las casas, las escuelas o las pistas de baloncesto. Los *disc jockeys* de esas fiestas tuvieron que inventar cosas nuevas, primero, para retener a la gente en la pista entre disco y disco, y segundo para conseguir que el sonido fuera al menos tan bueno como en un local cerrado. De esta manera nació el breakbeat como estilo. Un *disc jockey* de nombre Kool Herc fue el primero en utilizar dos discos y un mezclador para enlazar los temas sin necesidad de dejar unos segundos de vacío sónico en el aire. En el momento de la mezcla, también comenzó a hablar, a rapear, y ello dio pie a la figura del MC (maestro de ceremonias). Rapear, hablar con ritmo, fue todo un hallazgo. Otras innovaciones de esta etapa serían el *vocoder*, sintetizador de voz derivado del *talk box* ya existente; y el *double-backing*, utilizando dos discos iguales pero haciendo que el primero sonara ligeramente retrasado con relación al segundo y así se producía un eco. El baile también evolucionó hacia nuevas formas y apareció el *breakdance*, fundamental después en los primeros movimientos del hip hop. Los afroamericanos volvían a sacar así toda su riqueza musical y bailable a la palestra.

Los géneros del cambio

La música inglesa, siempre imaginativa, se individualizó todavía más al acabar los setenta y comenzar los años ochenta. Los Estados Unidos caminaban hacia el AOR (album-oriented-rock). En Londres se combinaban el maquillaje de los new romantics y los trajes y corbatas para los nuevos mods con los cabellos largos, las muñequeras de metal, los *badges* (chapas, parches de tela), los *studs* (tachuelas) pegados a la ropa, las cazadoras y los vaqueros de los rockeros duros. Bajo el término *new wave* (nueva ola), al final todos disfrutaron de su momento.

Los no-músicos, rock cibernético, crearon un primer abismo con los habituales rockeros armados de guitarras. Ellos manipulaban dígitos y programaban ritmos y sonidos, trabajaban en los estudios de grabación con *softwares* cada vez más avanzados y creaban a través de sintetizadores, que podían ser monofónicos, polifónicos... Se componía en una pantalla. Aparecían términos como *dub* (versión instrumental del tema principal con añadidos de tipo efectos sonoros o ecos), mix (mezcla), *overdub*, etc. También surgió de la esfera cibernética, robótica en este caso, Gary Numan, que formó Tubeway Army y triunfó con ellos y después en solitario. Una carrera muy breve pero con huella.

Los new romantics eran los herederos póstumos del glam de comienzos de los setenta. Maquillaje, disfraces, color, todo era estético, y la música un pop atractivo y comercial. Spandau Ballet y Duran Duran fueron los reyes disputándose el trono, aunque hubo otros nombres destacados, Adam and the Ants o Visage. Las fronteras se hicieron pequeñas cuando no se unían una a la otra. El tecno pop, de hecho, lo era todo, por más que se acuñaran términos como *cool wave* (artistas que actuaban sin moverse, con su caja de ritmos), *synth pop* (con sintonizadores) y otros. Cualquier chico con imaginación podía grabarse su propio disco con una de esas cajas de ritmos, probar y experimentar a la vez.

Entre los grandes artistas de este tiempo están OMD (Orchestral Manoeuvres in the Dark), un dúo cibernético que aportó éxitos como «Enola gay» o «Souvenir»; Spandau Ballet, con Gary Kemp de compositor y Tony Hadley de cantante y canciones como «Gold», «True» o «Chant No. 1»; Duran Duran, con Simon Le Bon de solista y sus principales hits, «Girls on film», «Hungry like the

Spandau Ballet

wolf» o «Wild boys»; los Human League, brillantes a través de su gran tema «Don't you want me», un clásico de los ochenta, lo mejor del synth pop; Adam and the Ants, vestidos de piratas, fulgurantes y breves pero con éxitos como «Prince charming»; y tras ellos Visage, Ultravox, B.E.F. (British Electric Foundation), Heaven 17, ABC, Thompson Twins, Soft Cell y un largo etcétera. Un grupo como Culture Club («Do you really want to hurt me») aportó la ambigua estrella de Boy George y no faltó una banda maldita: Joy Division («Love will tear us apart»). El suicidio de su cantante, Ian Curtis, truncó sus expectativas. Finalmente hay que mencionar a dos de los grandes grupos que perduraron, Simple Minds, asentados desde su disco *Sons and fascination* en 1981 y con Jim Kerr de cantante, y Depeche Mode, que tras varios cambios iniciales se quedó con Martin Gore de cantante y trenzaron otra larga carrera de varias décadas. Los Mode no utilizaron una guitarra en sus discos hasta 1986. Fuera de la estela tecno hubo pocas estrellas, Shakin' Stevens o Stray Cats haciendo rock y rockabilly, Echo and the Bunnymen, los Psychedelic Furs, Sheena Easton...

Un género o subgénero curioso fue el ska-bluebeat. Una pequeña compañía, 2 Tone (Dos Tonos, porque todo era blanco y negro, como la mezcla de los músicos en los grupos) lo puso de moda. El ska provenía de Jamaica. Lo hacían bandas con muchos miembros, utilizando secciones de metal, y vestían con sombreros y ropa mal hecha. El impulsor de 2 Tone fue Jerry Sammers, del grupo Specials, harto de las compañías discográficas convencionales. El primer grupo del sello fueron los exitosos Madness, a los que siguieron Selecter, Bad Manners, los Beat, Dexys Midnight Runners y los también duraderos UB40.

Rock con (menos) etiquetas

Escapando de las etiquetas, aunque nacidos bajo el paraguas de algunas de ellas, hubo nombres que marcaron el cambio de década y se asentaron como artistas. Dire Straits, con el guitarra Mark

Knopfler, estaban destinados a ser uno de los grandes grupos del futuro. Editaron un primer disco sin éxito en 1978, pero Bob Dylan les descubrió y llamó a Mark y al batería Pick Whiters para que tocaran en su álbum *Slow train coming*. El mundo se fijó en Dire Straits y el siguiente disco, *Communiqué*, fue un gran éxito al que siguieron *Making movies* o el doble en directo *Alchemy* hasta el excelso *Brothers in arms*, que consagró a Mark entre los gigantes de la historia. Pretenders fueron otros de los importantes, con Chrissie Hynde como cantante y guitarra. Ella era periodista del *New Musical Express*, muy unida al movimiento punk antes de probar suerte con el grupo. Ni la muerte de dos de sus miembros logró apartarles del camino. Otra inclasificable que mencionar es Kate Bush, poseedora de una voz única. Fue descubierta en 1978 gracias al respaldo de David Gilmour, de Pink Floyd, al primer disco, *Wuthering heights*.

Uno de los grandes éxitos del cambio de década, canción además futurista, fue «Video killed the radio star» (El vídeo mató a la estrella de la radio), y es que el vídeo ya empezaba a adueñarse de la imaginería musical. Responsables de este bombazo fueron los Buggles, un dúo formado por Trevor Horn y Geoff Downes. Los dos se unieron después a los remozados Yes, y más tarde Downes formaría el supergrupo Asia mientras que Horn crearía un sello musical en el que lanzaría a Frankie Goes to Hollywood, responsables del impactante hit «Relax». Otro grupo provocativo fue Tom Robinson Band, bandera de los gais por el tono reivindicativo de sus canciones. El artista más personal fue Ian Dury, tetrapléjico desde los siete años que actuaba con muletas. Suyo fue el himno «Sex and drugs and rock and roll».

En los Estados Unidos varios músicos de estudio, hartos de grabar para los demás, se unieron para formar Toto. En 1982 consiguieron seis premios Grammy por la calidad de sus discos. También de allí y procedentes de Akron, Ohio, se expandió internacionalmente Devo, un grupo cuyos miembros vestían igual y rehuían el culto a la imagen, creadores del término *de-evolution* para referirse a su música. Cars fueron otra banda relevante, con Ric Ocasek de cantante, lo mismo que Sky. No faltaron artistas «de un solo disco», como

Mark Knopfler

los Knack y su eficaz «My Sharona». De estos años es la aparición relevante de Tom Waits, hombre de potente voz arenosa, poeta y cantante en la gran línea de Dylan y Cohen.

La larga lista de nombres de la transición entre décadas se completa con los B-52's, de imagen retro pero excelente imaginería asociada a la música; los eclécticos Cure de Robert Smith, herederos del punk y con una personalidad probada en sucesivas décadas; M («Pop muzik»), Rickie Lee Jones, Magazine, Lene Lovich, Jane Aire and the Belvederes, UK, los Tourists y, como siempre, una larga lista de artistas con sus pequeños éxitos históricos.

Los tres últimos hitos de los setenta

Hubo tres festivales de música coincidiendo con el final de los años setenta, y los tres marcaron el momento en que se celebraron.

Organizado por Paul McCartney en el Hammersmith de Londres entre el 26 y el 29 de diciembre de 1979, el Festival de Kampuchea (Camboya) sirvió para recaudar fondos para los damnificados por la crueldad de los jemeres rojos y su líder, el cruel Pol Pot. Bajo su régimen ya habían muerto tres millones de personas, y el resto del país estaba siendo «reeducado» con una salvaje persecución. Entre 1975 y 1979 el país perdió la mitad de su población y los refugiados en Tailandia eran miles. Actuaron Queen, Pretenders,Who, Paul McCartney and Wings, Ian Dury, Elvis Costello y los Specials. El triple LP grabado en directo fue un éxito. También lo fue el triple del Festival No Nukes, en el que los artistas americanos protestaban por la dependencia nuclear y el riesgo atómico. Se celebró del 19 al 23 de septiembre de 1979 en el Madison Square Garden con los Doobie Brothers, Bruce Springsteen, Poco, Tom Petty, Jackson Browne, CCrosby, Stills and Nash y Ry Cooder bajo el auspicio de MUSE (Musicians United for Safe Energy). Muy poco antes, en Three Mile Island, Harrisburg, había tenido lugar la primera catástrofe nuclear en suelo americano, con un terrible escape radioactivo. Se empezó a acuñar la frase «¿Nucleares? No, gracias» en todo el mundo.

Por último, cabe mencionar el habitual festival de Knebworth de agosto de 1979. Fue la última y gran aparición de Led Zeppelin antes de la muerte de John Bonham y el fin del grupo más importante de los setenta.

Capítulo 21
New wave of heavy metal y otras historias

Del rock duro al heavy metal

El rock duro (hard rock) fue primero la bandera de grupos como Led Zeppelin o Deep Purple, pero pronto se acuñó en torno a ellos el término heavy (pesado). Con el fin de los años setenta y el nuevo impulso que siempre han brindado los cambios de década (o de siglo), la palabra heavy acabó imponiéndose y se cambió rock por metal. A fin de cuentas eran grupos de guitarras y de aplastante sonoridad decibélica. No contentos con esto, cuando afloraron un sinfín de nuevas bandas con sello y entidad propias, sobre todo en Inglaterra, pronto se bautizó el fenómeno como New wave of British heavy metal (La nueva ola del heavy metal británico). Era la réplica a la música cibernética, el nuevo romanticismo, el ska y demás tendencias. Los puristas del rock vieron en ello, además, una tabla de salvación ante tantos frentes abiertos con tendencias que no les satisfacían a pesar de sus éxitos en los rankings.

En los Estados Unidos los grupos considerados «metálicos» no lo eran tanto. Foreigner, Journey o REO Speedwagon hacían rock, pero no eran heavies. Led Zeppelin reinaba en la cúspide, y las mutaciones de los Purple, como Rainbow, Whitesnake o Ian Gillan en solitario, mantenían la llama. En agosto de 1977 sin embargo aparece en la escena mundial un grupo australiano llamado AC/DC, con el guitarra Angus Young y el cantante Bon Scott al frente. Su éxito es arrollador. Es en este momento cuando a nivel global muchos se dan cuenta de que el heavy existe en los cinco continentes. Rush, April Wine o Triumph eran de Canadá; Vandenberg procedían de Holanda; Scorpions y Michael Schenker alemanes; Barón Rojo y Obús españoles; Krokus suizos; Rose Tattoo y AC/

Angus Young

DC australianos. Ya en 1978 debutan Van Halen en los Estados Unidos, y les seguirán Motley Crue, Quiet Riot o Ratt en una primera ola, y Molly Hatchet, Johnny van Zant o .38 Special casi a continuación. Aprovechando el rebufo, en Inglaterra resurgen Black Sabbath (aunque sin Ozzy Osbourne, que hará carrera en solitario en América), Uriah Heep o Judas Priest.

En 1979 se habla por primera vez en el Reino Unido de la *New wave of British heavy metal*, y ya en 1980 el fenómeno es un hecho irreversible. Iron Maiden, Motörhead, Saxon o Girlschool (formado íntegramente por chicas) son una primera avanzada junto con unos adolescentes Def Leppard. Se les llama «hijos de la conmoción», porque surgen después de las tres últimas crisis petroleras.

Una vez más, la música se hizo «peligrosa». Siempre que ha arrollado con el poder rebelde de la furia rockera, ha sido así. El reverendo Richard Czachor, del Catholic Youth Center de Pensilvania, acusó a Ozzy Osbourne de ser un enviado del diablo, un pervertidor de las sagradas formas, un asesino de animales y un sádico por haber ultrajado un monumento (se dijo que había orinado en las ruinas de El Alamo). El miedo al heavy volvió a desatarse y las páginas de los periódicos se llenaron de historias en los siguientes años (desde la muerte de John Bonham debido a la brujería hasta la acusación contra Judas Priest porque uno de sus discos había incitado al suicidio a un chico). Los heavies, por supuesto, eran bastante provocativos, por no decir violentos en algunos casos (arrasando hoteles, por ejemplo).

Rock over the world

De todos los grupos no ingleses o americanos citados antes, los números 1, con una carrera de cinco décadas, fueron AC/DC (corriente continua/corriente alterna). Ni siquiera la muerte de Bon Scott debido a un coma etílico en 1980 pudo con ellos. Su sustituto fue Brian Johnson, que procedía de una banda desconocida llamada Geordie. Angus Young, vestido como un colegial británico, con pantalón corto, siguió siendo su líder y uno de los personajes guitarreros por excelencia. AC/DC ha mantenido una discografía extraordinaria hasta el siglo XXI, y sus actuaciones siempre son memorables. Uno de sus temas ha contribuido a la iconografía rockera: «Highway to Hell».

Australia, llena de hijos de emigrantes ingleses, aportó muchos nombres a esta historia del heavy metal. Air Supply, Mi-Sex, Radiators, Flash and the Pan y, excepcionalmente, Men at Work («Who can it be now»), Mental as Anything y Midnight Oil, estos últimos muy combativos y activistas en campañas pacifistas y antinucleares así como defensores de los aborígenes australianos. Su doble LP en vivo *Scream in blue live* fue una prueba de su poder. Otro australiano conocido fue Rick Springfield, aunque también instalado en los Estados Unidos.

Otros grupos que se internacionalizaron fueron Scorpions, con Klaus Meine a la voz y Michael Schenker a la guitarra, antes de que este se decidiera a ir en solitario. La marcha de Schenker no les restó pujanza y después de una primera etapa de éxito reverdecieron a comienzos de los años noventa. Además de Alemania, Canadá fue otro punto focal. Uno de los países donde más arraigó el heavy metal fue Japón, y aportaron su propio grupo al movimiento, Loudness. En España y con la llegada de la democracia apareció la «movida madrileña», de mucho ruido pero pocas nueces, aunque reactivó el panorama e indirectamente, porque no surgió de ella, aportó el gran grupo de los ochenta: Mecano. Músicos excepcionales como Paco de Lucía o Carles Benavent se hicieron famosos tocando con grandes del rock y el jazz rock. También Bélgica empezaba a tener un punto creativo que alcanzaría su apogeo en los noventa.

Los ochenta fueron el paso previo a la gran globalización de la década siguiente, cuando la World Music se instaló en las corrientes creativas del rock.

New wave of British heavy metal

Iron Maiden fueron pioneros del nuevo movimiento. Sus dos primeros LP fueron discretos hasta que, con la entrada de Bruce Dickinson como cantante, asentaron su fama. Desde 1982 estuvieron siempre en la cresta de la ola, con discos como *The number of the Beast*, *Piece of mind* o *Powerslave*. Uno de sus aciertos fue jugar siempre con un diseño gráfico de corte terrorífico en sus álbumes y actuaciones. Girlschool disfrutaron de su momento al ser las únicas heavies del panorama. Junto a su propia discografía grabaron un EP con Motörhead. Al frente de estos estaba su cantante y bajo, Lemmy Kilmister. Música atronadora, agresiva, sus dos primeros discos fueron contundentes: *Overkill* y *Bomber*, hasta su gran éxito y número 1 en listas «No sleep 'til Hammersmith». Como curiosidad, un avión colgaba encima de sus cabezas en los conciertos. Los jovencitos Def Leppard consiguieron el fervor de las fans, incluso las no necesariamente heavies. Puros adolescentes, ninguno tenía los veinte años cuando debutaron. Se dijo que hacían rock de satén, pero a lo largo de los años demostraron su clase. *Pyromania* fue su mejor disco antes de que el batería perdiera un brazo en un accidente. Lejos de sustituirle, le esperaron, y con una batería fabricada especialmente y un solo brazo para tocarla, el quinteto siguió actuando y acrecentando su fama. Otra muerte, la de su guitarra Steve Clark en 1991, no les impidió tampoco seguir. Además de Judas Priest y Saxon, otros grupos menores fueron Budgie, Tygers of Pant Tang, Vardis o el guitarra Gary Moore con sus distintas bandas.

No faltó un supergrupo, Whitesnake. Hubo un intento de otro, Firm (ya en 1985), con Paul Rodgers de cantante y Jimmy Page a la guitarra, pero fue efímero. En el caso de Whitesnake, no. David Coverdale, el último cantante de los Purple, aglutinó en torno suyo un elenco de primera, que incluía a Jon Lord e Ian Paice, también de los Purple, y dos guitarras notables, Micky Moody y Bernie Marsden. Su primera etapa contó con una notable serie de discos, *Trouble* o *Live in the heart of the city*, entre ellos. A finales de los ochenta resurgirían con cambios en la formación y sus grandes éxitos, incluidas algunas memorables baladas, «Is this love» o «Here I go again». Se separarían en 1990.

Al otro lado del Atlántico, Van Halen fueron pioneros aunque sus dos primeros éxitos eran dos versiones de los Kinks. Pronto asentaron una discografía propia. Formaban la banda dos músicos de origen holandés, Eddie y Alex van Halen, y el cantante David Lee Roth. Cuando este se marchó para cantar en solitario le sustituyó Sammy Hagar. Los más longevos hasta hoy fueron Metallica, abanderados del thrash metal (habría muchas corrientes, thrash, death...). Desde *Ride the lightning* y *Master of puppets*, sus dos primeros discos, mantuvieron una línea de alto voltaje culminada con *Metallica*, n° 1 en 1991 y que les valió el Grammy al mejor LP heavy del año. Ozzy Osbourne, inglés, se americanizó y triunfó con «The Blizzard of Ozz» y «Diary of a madman» hasta que en 1982 un accidente de aviación le costó la vida a su guitarra Randy Rhoads. Su camino le condujo a protagonizar un *reality show* ya en el siglo XXI. El último gran grupo heavy de los ochenta en América es Guns N' Roses, con Axl Rose a la voz y Slash a la guitarra. *Appetite for destruction*, *Lies* y los dobles *Use your illusion I and II* fueron su discografía antes de que escándalos externos e internos les hicieran separarse.

La muerte de Lennon

La noche del 8 al 9 de diciembre de 1980 John Lennon fue asesinado por un fan perturbado, Mark David Chapman, en la puerta del edificio Dakota de Nueva York, donde vivía. Este hecho cambió de forma radical el perfil de los grandes artistas de la historia. Todos se preguntaron si serían el próximo. Desde entonces se acabó algo tan simple como poder pasear a solas por un parque o ir de compras; los guardaespaldas aparecieron en escena, ningún famoso se atrevió a desafiar a la suerte. El miedo al fan perturbado se convirtió en tendencia y muchos se aislaron todavía más.

Para la música también fue un golpe, el despertar de un sueño. John había creado los Beatles. Ya nada fue igual.

John Lennon

El walkman

Hubo un momento al inicio de los ochenta en el que la música se democratizó todavía más. Hasta esos días, uno oía las canciones en su casa, con tocadiscos o reproductores de cintas, y también en el coche, donde se instalaron tocadiscos, casetes o cartuchos. Entonces apareció el *walkman*, un pequeño reproductor de casetes que se oía mediante cascos o auriculares en los oídos. Su nombre lo decía todo: hombre que anda. Todo el mundo ya podía oír música en cualquier parte, caminando, haciendo *footing*, en un avión o de noche en casa, sin molestar a nadie. El *walkman* arrolló de tal forma que incluso hubo grupos (Bow Wow Wow o B.E.F.) que editaron sus discos solo en casete, para que pudieran escucharse exclusivamente con aquel.

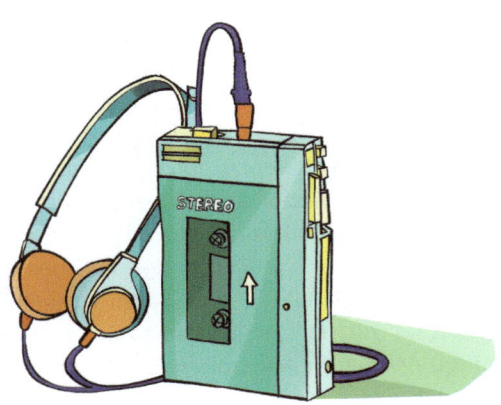

Capítulo 22
La era de la imagen

El videoclip

La música rock siempre había contado con la imagen. Muchos grandes artistas perdieron el tren del éxito por no tenerla, comenzando por el primer rockero negro, Fats Domino, al que los blancos tildaron de «bajo, gordo, feo y negro» despectivamente. También pagaron el peaje otros, como Carl Perkins o Gene Vincent. Elvis era guapo y los cuatro Beatles fueron adorados por sus fans. De ese culto a la imagen nació una nueva fórmula para expandir la música a finales de los años setenta y que pronto alcanzó su cénit a comienzos de los ochenta: el videoclip.

No era un invento nuevo. Filmar en un pequeño videoclip promocional a un artista se había hecho en los años sesenta. Los Beatles también fueron pioneros en ello. En 1966 rodaron dos películas cortas para lanzar «Strawberry fields» y «Penny Lane». El grupo Blondie filmó un LP entero, canción a canción, a mediados de los setenta. Pero en 1981 nació en los Estados Unidos la cadena de televisión MTV y esto se institucionalizó. La MTV emitía todo el día vídeos promocionales. Veinticuatro horas ininterrumpidas. Todas las televisiones del mundo se interesaron también en programar cuanto antes las imágenes de los nuevos discos de los artistas más importantes. Así pues, estos empezaron a tomarse en serio la filmación de los vídeos. Ya no hacía falta promocionar una canción viajando a los cinco continentes: se enviaba el vídeo.

En muy pocos meses el fenómeno se agigantó. Los videoclips se convirtieron en la carta de presentación más relevante. No había disco sin videoclip promocional. Entraron a formar parte de los presupuestos de cada lanzamiento. Dejaron de ser incluso sencillos. Los artistas más importantes contrataron a grandes directores de cine. Se cuidaron detalles, escenografías, y los videoclips acabaron siendo pequeñas obras maestras. Muchas veces costaban más que una película media. Y, si al comienzo se ceñían al minutaje de la canción, pronto se convirtieron en minipelículas que ofrecían mucho más. Esto último se produjo a raíz del single «Thriller» de Michael Jackson. La música dejó «de oírse» y pasó «a verse».

Con la era de la imagen cambiaron muchas otras cosas. Antes, si un artista carecía de ella, podía incluso no salir en la portada de un disco. Desde este momento fue imposible. Ello dio pie a curiosas historias como el fraude de Milli Vanilli. El productor Frank Farian quiso repetir la jugada de Boney M. (crear un grupo fantasma para apoyar una grabación). Descubrió a un cantante y autor notable, pero era «otro Fats Domino», marcado por sus cuatro puntos negativos, así que para el vídeo contrató a dos modelos guapos que fingían ser los miembros del grupo. El éxito fue tal (el disco vendió 6 millones de copias, cuatro singles fueron número 1, y Milli Vanilli ganó el Grammy al grupo revelación de 1989) que ante la imposibilidad de hacer una gira fueron los dos modelos los que denunciaron el fraude y devolvieron el Grammy. Farian dijo la verdad: se trataba de una cuestión de imagen, la palabra clave. Cuando el verdadero Milli Vanilli apareció con su siguiente disco, no pasó nada. Misma música, ninguna imagen.

El soporte que lo cambió todo: el CD

Hay un antes y un después de la aparición del CD (compact disc). Durante años la industria había vendido singles y LP, y también casetes. La creación de un soporte digital, que se leía con tecnología láser, en el que cabía el triple o el cuádruple de tiempo, y además era «indestructible», fue un salto hacia el futuro.

La industria discográfica no se dio cuenta de que estaba cavando su propia tumba.

Michael Jackson

El CD ciertamente era una maravilla. Un LP duraba unos 20 minutos máximo por cara. Se ponía una y luego había que darle la vuelta para escuchar la otra. Eso pasó a la historia. Podía escucharse seguido y cabía un LP doble entero (80 minutos). Además, era pequeño, muy manejable. No se «rayaba», como sucedía con los vinilos, y hasta podía pisarse si caía al suelo. Las partes negativas se obviaron, como por ejemplo que las portadas de los discos, un lujo visual en muchos casos, pasaron poco a poco al olvido. Las de los CD eran pequeñas, y aunque en el interior se incluyeran libritos, la información tenía que leerse con lupa. Peor era que si ya existía la piratería, al entregar lo que en realidad era la cinta máster de una grabación al consumidor aquella se multiplicó por mil. No había ruidos de fondo, podían copiarse los discos de un CD a otro. En poco más de diez años el mundo del disco sufrió la crisis que acabó matándolo al empezar el siglo XXI. El CD apareció alrededor de 1983 comercialmente. Menos de una década después llegó el último año en el que se vendieron más vinilos que CD. A finales de los noventa el LP era un residuo, aunque nunca llegó a morir del todo porque los puristas y los más melómanos, aunque en forma minoritaria, acabaron prefiriéndolo después de otra década de dominio aplastante.

AOR

La primera generación que en la segunda mitad de los años cincuenta se lanzó de cabeza al rock había crecido. Habían pasado los sesenta y los setenta. Estaban en los años ochenta y aquellos jóvenes adolescentes tenían ya cuarenta años o más. No solo disfrutaban de su propio poder adquisitivo, sino que ejercían el poder desde puestos de trabajo diversos. Algunos de ellos incluso en la industria discográfica. Había un público que pedía un determinado tipo de música, y unos músicos, no menos adultos, que estaban en la misma onda. Así apareció un rock más estándar, mayoritario, asequible, que fue bautizado como AOR (album-oriented-rock, rock orientado al álbum). Música elegante, orquestaciones, baladas de medio tiempo. Incluso en política arraigó el conservadurismo al tener los Estados Unidos ocho años de presidencia republicana con Ronald Reagan, seguidos de otros cuatro con George Bush. El AOR fue una identidad enfrentada a la música negra, situada en las antípodas de su eclecticismo. Y aunque no parezca haber relación, hay que destacar que al inicio de los años ochenta apareció en el panorama internacional una palabra maldita: sida. Cuando comenzaron a morir artistas, coreógrafos, músicos, bailarines, entre 1981 y 1982 el pánico se apoderó del *show business*. Todas las libertades ganadas (por ejemplo, en el tema sexual) se vieron detenidas cuando no barridas de un plumazo. En diez años el sida hizo un daño irreparable en todas las esferas, y hubo muertes tan destacadas como las del actor Rock Hudson o el líder de Queen, Freddie Mercury.

Las últimas megaestrellas de un tiempo

La mayoría de los solistas que triunfaron en la primera mitad de los años ochenta procedían de grupos de los setenta: Stevie Nicks (Fleetwood Mac), Phil Collins (Genesis), Donald Fagen (Steely Dan), Michael McDonald (los Doobie Brothers), Lionel Richie (Commodores), Don Henley y Glenn Frey (Eagles). Incluso Tina Turner, sin su exmarido Ike, que se convirtió en una nueva voz a partir de su gran «Private dancer». Otras dos megaestrellas fueron Sting (los Police) y Michael Jackson (los Jackson 5). Las cuatro excepciones surgidas en los ochenta serían Madonna, Prince, Whitney Houston y U2.

Michael Jackson, que venía de cantar con sus hermanos en los Jackson 5, se convirtió en la estrella más rutilante del momento y fue uno de los grandes beneficiados por la Era de la Imagen. Gran intérprete, excelente autor, excepcional bailarín, fue el artista total desde sus primeros discos en solitario. Cuando el 1 de diciembre de 1982 publicó *Thriller*, el mundo se rindió a sus pies. El LP vendió 30 millones de copias (llegó a los 40 en los años siguientes), siete

Prince

de sus canciones fueron nº 1, y ganó 8 premios Grammy. Que el personaje se devorara a sí mismo, víctima de su ausencia de infancia y de otros escándalos que le llevaron a morir a los cincuenta años, no merma su gran influencia. Después de *Thriller* llegó *Bad*, con otros cinco números 1 en singles.

Sting pasó del rock con visos reggae de los Police a grabar una serie de grandes álbumes en los que mezcló múltiples tendencias, jazz o pop, pero siempre bendecidas por su elegancia, su clase y su voz. Era la clase de artista capaz de perdurar más allá de la moda o de su tiempo. Como Prince, el genio de Minneapolis, capaz de cantar, componer, producir, actuar, tocar todos los instrumentos de un disco, investigar, convertirse en promotor. Prince debutó con 18 años y alcanzó su momento estelar gracias al LP *Purple rain*, banda sonora de la película del mismo título protagonizada por él. El LP fue nº 1 durante 24 semanas. Embarcado en pleitos con sus discográficas, llegó a borrar su nombre artístico durante años, cambiándolo por un signo. Genio y figura, su labor constante fue capital en las siguientes décadas.

Madonna tendría el honor de ser la primera cantante capaz de retar a la industria discográfica y convertirse en un símbolo como artista dominante, irreductible y plenamente segura de su apuesta. El papel de las mujeres en el rock siempre había sido minoritario en comparación con el de los hombres. El rock era una industria machista. Madonna fue pura provocación desde el primer momento. Vestimenta, vídeos, imágenes, desnudos, todo lo hizo de manera calculada y efectiva para convertirse en la más grande desde los años ochenta. Debutó en 1983 y en esta década logró 7 números 1 y 16 top 5 en el mercado americano, frente a 6 números 1 y 20 top 5 en el inglés. Dos de sus películas también fueron excepcionales, *Buscando a Susan desesperadamente* y *Evita* (versión fílmica de la ópera rock de Andrew Lloyd Webber, por la que fue nominada al Óscar). La única rival de Madonna fue Whitney Houston, ya a finales de los ochenta. Whitney logró siete números 1 consecutivos y diez en total, batiendo el récord de los Beatles en los sesenta y los Bee Gees en los setenta. La banda sonora de *El guardaespaldas*, película prota-

Madonna

gonizada también por ella, fue otro de sus hitos, y el mayor éxito del film, «I will always love you», una canción country de Dolly Parton reconvertida en balada.

U2

Si Queen fue el penúltimo gran grupo de la historia surgido antes del fin de siglo, U2 fue el último. Bono (cantante), The Edge (guitarra), Adam Clayton (bajo) y Larry Mullen (batería) procedían de Irlanda. Debutaron en 1980 con el LP *Boy* y tardaron cuatro años en despuntar como gran banda bajo el poder vocal de Bono y la singular forma de tocar la guitarra de The Edge. Con *The unforgettable fire* dieron el salto y con *The Joshua tree* y *Rattle and hum* se erigieron en megaestrellas. Algunas de sus canciones, «Pride (In the name of Love)», «I still haven't found what I'm looking for», «Where the streets have no name» o «One», se mantienen como hitos. Tanto en los noventa como en las dos primeras décadas del siglo XXI, sus conciertos han sido los espectáculos más alucinantes e innovadores del mundo del rock. Ni siquiera el papel de Bono como activista en muchas causas ha mermado su potencial.

U2

Capítulo 23
El rápido camino del cambio

Live Aid

Los grandes festivales reaparecieron a mitad de los años ochenta y se mantuvieron en los años siguientes por una razón muy sencilla: las causas humanitarias aumentaron en medio de un mundo sacudido cada vez por más guerras, hambrunas o accidentes climáticos. El 3 de septiembre de 1982 ya se habían reunido 400.000 personas en San Bernardino, California, para ver a Fleetwood Mac, Police, los Grateful Dead, los Cars, Pat Benatar, Santana, Van Halen, Tom Petty, Kinks o Jackson Browne, entre otros. Steve Wozniak, cofundador de Apple, fue el promotor. El 25 de noviembre del mismo año, fueron 450.000 los asistentes en Montego Bay, Jamaica, para ver a las estrellas del reggae (Peter Tosh o Rita Marley) mezcladas con otras internacionales (Aretha Franklin, los Clash, los B-52's, etc.)

El mayor festival de la historia, superior a Woodstock aunque no tan legendario, fue el Live Aid celebrado el 13 de julio de 1985 a ambos lados del Atlántico conjuntamente, porque se desarrolló en paralelo en el Wembley Stadium de Londres y el JFK Stadium de Philadelphia. El número de asistentes de ambos estadios no superó ninguna cifra récord, pero fue retransmitido por televisión a todo el planeta, con una audiencia estimada en cientos de millones de personas.

Las hambrunas africanas fueron el detonante de todo ello. De la franja del Sahel y muy especialmente Etiopía empezaron a llegar a occidente imágenes aterradoras de niños hinchados y cubiertos de moscas así como de auténticos cadáveres ambulantes que yacían en cunetas pudriéndose al sol. Aquello empezó a ser demasiado para las conciencias del mundo «civilizado». El anuncio de que millo-

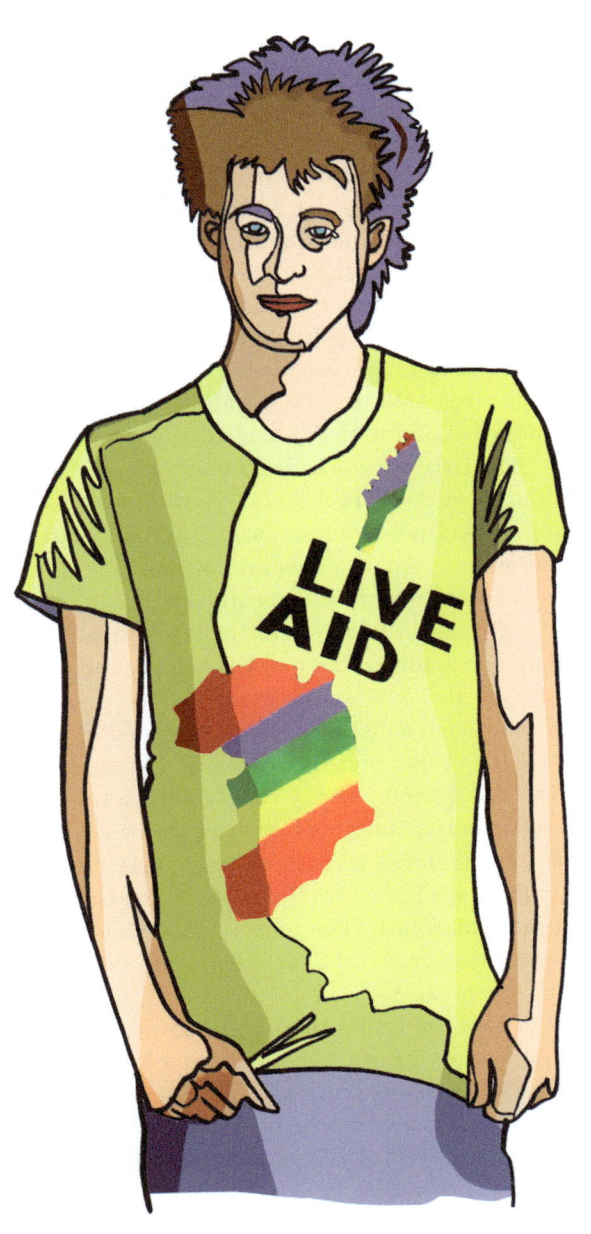

nes de personas estaban sentenciadas a muerte hizo que, una vez más, los músicos se unieran para paliar en lo posible tantos males. Primero fueron los artistas ingleses, que en la Navidad de 1983 editaron la canción «Do they know it's Christmas?» (¿Saben ellos que es Navidad?). En ella intervenían Sting, los Boomtown Rats, U2, Culture Club, George Michael, Spandau Ballet, Duran Duran, Frankie Goes to Hollywood, Ultravox, Phil Collins, Status Quo y otros. El single consiguió el récord de ventas de la historia del pop inglés y se ofreció un concierto benéfico en el Royal Albert Hall.

Los americanos no se hicieron esperar. Michael Jackson y Lionel Richie compusieron «We are the world» y grabaron la canción, bajo el nombre de USA for Africa, con lo más granado de la música de su país: Bob Dylan, Ray Charles, Cyndi Lauper, Tina Turner, Willie Nelson, Steve Perry, Paul Simon, Diana Ross, Bruce Springsteen, Kim Carnes, Lindsey Buckingham, La Toya Jackson, Stevie Wonder, Steve Perry, Smokey Robinson, Kenny Rogers, y una docena más. «We are the world» se convirtió en una de las canciones de la década. El 5 de abril de 1985 fue radiado por 5.000 emisoras de todo el mundo al mismo tiempo. Vendió siete millones de singles y cuatro y medio de LP en dos meses.

Los discos no eran suficientes, y fue Bob Geldof, cantante de Boomtown Rats, el que organizó el mayor festival de todos los tiempos: Live Aid. Entre Londres y Philadelphia las televisiones del planeta mostraron las actuaciones estelares de los Who, Paul McCartney, U2, David Bowie, los Rolling Stones, Tina Turner, Queen, Sade, Sting, los Beach Boys, Dire Straits, los Pretenders, Bob Dylan, George Michael, Madonna, Elton John... Phil Collins incluso actuó en los dos escenarios gracias al Concorde, ya que voló de Londres a Nueva York en 3 horas.

Después de Live Aid los festivales benéficos reaparecieron. Willie Nelson organizó el Farm Aid (ayuda para los granjeros americanos), en Dublín se hizo uno para los jóvenes desempleados, el universo heavy grabó también su disco benéfico para África. El colofón llegó en 1988 con la gira *Human rights, now!* (Derechos humanos, ¡ya!), a beneficio de la ONG Amnistía Internacional, para celebrar los 40 años de la Declaración de los Derechos Humanos, y que reunió a Bruce Springsteen, Sting, Peter Gabriel, Tracy Chapman y Youssou N'Dour en una gira por los cinco continentes. Otros eventos tuvieron aire de celebración. En Londres, en 1990, se hizo uno en honor de Nelson Mandela, el líder del Congreso Nacional Africano, liberado después de años de cárcel en Sudáfrica.

Hubo otro tipo de «festival»: los grandes conciertos urbanos del electrónico Jean-Michel Jarre, que convertía las ciudades en escenarios con *shows* de luces y proyecciones gigantescas. El primero fue el de la plaza de la Concordia de París, con un millón de personas. Siguieron el de Lyon con motivo de la visita del papa en 1985; el de Houston, Texas, con 1.300.000 espectadores, para celebrar el 150 aniversario de la fundación de la ciudad y los 25 años de la NASA en 1986; el de Londres en 1988 con 3 millones de personas; y el de París, en conmemoración del 14 de julio de 1990, con otros 2 millones de espectadores.

El vértigo de las nuevas tendencias

A partir de la segunda mitad de los años ochenta y a lo largo de los noventa, un sinfín de tendencias (no siempre mayoritarias o difundidas) generaron músicas alternativas y artistas que apenas si destacaron más allá de un breve periodo de tiempo, pero que activaron el panorama del rock. A ellas se unieron dos fenómenos muy juveniles: el auge de los fanzines y el de las emisoras universitarias, que en los Estados Unidos tuvieron mucho peso. Si toda tendencia nueva comienza siendo *underground*, subterránea y minoritaria, muchas acaban pronto convirtiéndose en *mainstream*, mayoritarias y populares cuando los medios las encumbran como moda. En este amplio panorama encontramos estilos de nombres tan dispares como el hardcore, el indie, el post punk, el power pop, el jangle, el Lo-Fi (low fidelity) o el rock alternativo.

El jangle, también llamado NRA (nuevo rock americano) toma su nombre de un verso de «Mr. Tambourine man», de Bob Dylan.

Concretamente el que dice «in the jingle-jangle morning». En el jangle el principal instrumento es la guitarra, pero asociada a voces y armonías que depuran el sonido. El grupo estrella fue R.E.M., que tras debutar en 1983 tardó ocho años en dejar de ser una banda minoritaria, de élite, hasta alcanzar el estrellato con el LP *Out of time*. Lo más importante del jangle es que no se quedó solo en un movimiento residual, defendido por un grupo estelar, sino que se entronizó con el grunge a comienzos de los noventa.

El power pop, de hecho, había existido ya en los sesenta. Hablamos de canciones y singles, grupos que podían triunfar con un tema, sin necesidad de llegar a grabar discos más ambiciosos. Con la llegada del rock alternativo, muchas pequeñas formaciones grabaron y editaron, casi siempre en pequeñas compañías o en autoediciones con tiradas mínimas, un gran número de temas con los que incluso llegaron a destacar en círculos minoritarios. Eran bandas de garaje, jóvenes adolescentes ensayando y tocando en los garajes de sus casas típicamente americanas, una planta, jardín, unifamiliares... La proliferación de pequeños clubs en todas las ciudades, en los que actuaban a veces gratis o con una comisión por las copas que tomaba la audiencia, también ayudó. Una característica común fue que en muchos casos esos grupos contaran con chicas como solistas. Ellas vendían más.

Rock alternativo, música indie

El término rock alternativo nació al agruparse estas tendencias. Se consideraba alternativo todo lo que no entraba en las listas, ni aparecía por televisión ni era *mainstream*. Sin embargo, la proliferación de música alternativa acabó generando otro término: *indie*. Y con el indie, finalmente, hubo que crear listas de éxitos y canales por los que encauzar toda esa energía que, a veces, daba el salto hacia el estrellato. Si había un cine independiente, fuera de los grandes estudios, hubo una música indie fuera de las *majors*. Por supuesto, cuando un grupo llegaba al top 5 de los *rankings* indies... dejaba de serlo automáticamente. Pocos indies querían quedarse en un discreto plano, aunque se les llamara «banda de culto», como fue R.E.M.

La new wave desapareció como fuerza antes de llegar a la mitad de la década de los ochenta. Entre el universo del videoclip, la MTV, el AOR, la herencia punk, la música de baile y, como se verá en los siguientes capítulos, el hip hop por un lado y la electrónica por el otro, la dispersión era absoluta, pero lo que aglutinó el término indie se asentó hasta el punto de que muchos de los artistas consagrados incluso en los años noventa pasaron por ese crisol. La autopista indie llega hasta la aparición del grunge, porque Soundgarden, el primer grupo considerado grunge, era indie en su momento. Indies célebres en sus inicios fueron los Smashing Pumpkins, los Offspring, Green Day, Cranberries o incluso los contundentes Red Hot Chili Peppers, agresivos hasta el límite.

Una de las tendencias más brutales fue el hardcore. Cuando un estilo lleva impresa la palabra *core*, es porque se trata de música frenética, de la misma forma que si se la llama *mellow* es porque es más pausada. El hardcore se inició en California y llegó primero a Nueva York y después a Inglaterra, aunque nunca contó con la admonición de los medios por ser brutal, agresivo y seudofascista. En ciertos casos iba acompañado por el término *trash* (basura). Así apareció el thrash metal. No menos brutal era el death metal y el speedcore (ruido blanco). Un característico grupo hardcore fue los Beastie Boys. Otras bandas a destacar, todas de escaso éxito comercial, fueron Slayer (de cariz satánico), Dead Kennedys o Suicidal Tendencies. Como compensación del hardcore apareció el emocore, más emocional, y el slowcore, más depresivo.

Madchester sound

El rock alternativo británico fue diferente al americano, más comercial. Fue el reino de Smiths, con Stephen Patrick Morrissey al frente. Ellos lideraron el movimiento Madchester sound (cambiando una sola letra de su ciudad natal, Manchester). Las letras de Morrissey

Morrisey

convirtieron en himnos juveniles sus canciones y se erigieron en el grupo más importante de la segunda mitad de los ochenta en Inglaterra. Se iniciaron en 1983, llegaron al n° 1 de las listas indies y rápidamente se convirtieron en la banda de referencia hasta que en 1988 Morrissey abandonó la banda para cantar en solitario. No tuvieron grandes éxitos en singles, pero sus LP fueron todo un hito. Por detrás de Smiths llegaron los Cure, los New Order (formados por los miembros de Joy Division tras la muerte de Ian Curtis), los Jesus and Mary Chain, los Housemartins, los Stone Roses, Happy Mondays... y así hasta llegar en los noventa al llamado britbop.

Manchester tomó la bandera inglesa de este tiempo. Un empresario y promotor llamado Tony Wilson creó el sello Factory y el Hacienda Club, epicentro del movimiento. La nueva escena musical que emergió de la ciudad tuvo a dos poderosas formaciones: los Stone Roses y Happy Mondays, por desgracia de vida breve. Los Stone Roses se embarcaron en una batalla legal que les mantuvo años sin grabar y los Happy Mondays sucumbieron por causa de las drogas, especialmente por su cantante Shaun Ryder. La historia del Madchester sound se recoge en la película 24 hour party people, de 2002.

La última pieza del puzle alternativo la brindó el Lo-Fi ya prácticamente a comienzos de los noventa, y más que una tendencia fue tanto el resultado de una falta de medios como el desafío de algunos grupos hartos de la nueva tecnología, las grabaciones digitales y los adalides de la pureza sónica. Así, el Lo-Fi fue también una actitud, un gesto de rebeldía. Lo-Fi (low fidelity, baja fidelidad, en oposición a high fidelity, alta fidelidad) es el resultado de grabar con un equipo casero una maqueta de una canción. Sonido sucio, instrumentos mezclados y poca calidad. Algunos grupos decidieron publicar así sus discos, sin costosas sesiones en un estudio de grabación, y la tendencia se hizo marca. Los pioneros fueron Beat Happening, Pavement o Sebadoh. Luego aparecieron los Magnetic Fields, Smog e incluso, al comienzo, Beck, luego convertido en estrella de éxito.

Un mundo cambiante

La relación de artistas que poblaron las listas de éxitos desde finales de los ochenta y los primeros años noventa es enorme, como variadas fueron las tendencias musicales del momento. Muchos lograron pequeños o grandes éxitos, muchos tuvieron carreras cortas y pocos prolongaron más allá de su momento una vida discográfica perdurable. Entre los primeros destacaron la rockera Pat Benatar, John Cougar Mellencamp, el salvaje Billy Idol, el cantante de country rock Dan Fogelberg, la folkie negra Tracy Chapman, los breves pero intensos Frankie Goes to Hollywood, que aportaron el divertido y potente «Relax», Kim Carnes, los Communards de Jimmy Somerville, Fairground Attraction, Erasure, los Blow Monkeys, Big Audio Dynamite, Cock Robin, Terence Trent D'Arby, Bruce Hornsby, Prefab Sprout, Bonnie Raitt, Lisa Stansfield, los Sugarcubes (de los que saldría la gran Björk), Suzanne Vega, Paul Young…

Hubo grupos notables. Bon Jovi se instaló entre las grandes bandas de rock, Asia nació como supergrupo con miembros de Yes y otras bandas, las Bangles fue un delicioso grupo formado por chicas, en Marillion destacó su cantante apodado el Fish, los australianos INXS tenían a Michael Hutchence de solista, Mike + the Mechanics fue el grupo alternativo de Mike Rutherford (Genesis), Simply Red con la exquisita voz de Mick Hucknall, los suecos Roxette, el dúo Everything But the Girl, Eurythmics con Annie Lennox de solista, muy pronto convertida en la gran cantante inglesa de los años siguientes, y así hasta los triunfales Tears for Fears o el dúo Pet Shop Boys, que con «West End girls» inauguraron una carrera llena de éxitos.

Entre los solistas, George Michael, una de las estrellas de la década siguiente; el canadiense Bryan Adams, con su elegante propuesta rockera; la ternura de Enya o la sugestiva cadencia de Sade.

No faltaron las apuestas juveniles en un momento en el que las fans dominaban el panorama. New Kids on the Block marcaron el camino a otras bandas futuras, como Take That. La gran fuerza del fenómeno fans entronizó a estrellas juveniles (siempre atractivas) como Jason Donovan, Kylie Minogue, Rick Astley, A-Ha, Leif Garrett y otros. Responsables de buena parte de sus éxitos fue la factoría de compositores y productores ingleses formada por Mike Scott, Matt Aitken y Peter Waterman. Hicieron más de 50 canciones que fueron éxito. De Take That, ya en los años noventa, surgiría el cantante inglés más popular de entonces, Robbie Williams. En 2003, para renovar su contrato, EMI le pagó 125 millones de dólares, récord hasta ese momento.

Capítulo 24

Rap y hip hop

Hacia una nueva música negra

El universo discotequero estaba de moda cuando en 1979 un grupo llamado Sugarhill Gang lanzó el single «Rapper's delight». Ese disco lo cambió todo. La base musical era la conocida «Good times» del grupo Chic, pero encima de ella se recitaba, se «rapeaba» la letra imprimiéndole ritmo con la voz. En cinco años el rap ya era todo un fenómeno.

La población negra de los Estados Unidos había superado la lucha por los derechos civiles emprendida en los años sesenta, pero seguía marginada y el proceso continuaba. En muchos lugares y en muchos aspectos, la discriminación seguía. Un ejemplo eran los Óscar de Hollywood: nunca había actores o directores negros nominados. En las cárceles había diez veces más negros que blancos, herencia de los recortes de la Administración Reagan. Había bandas callejeras, drogas, guetos... Lo más significativo fue que dejara de usarse el término «negro» para hablar de «afroamericanos». El rap pronto se convirtió en la expresión musical de esta nueva generación, recuperando la esencia perdida tras la aparición del rhythm and blues hasta la explosión del soul. El rap capturó la energía latente, la catapultó envuelta en música y devolvió convertida en rebeldía para los nuevos tiempos. Pronto hubo tantos adeptos como enemigos, porque las letras eran muy explícitas. La censura hizo estragos y aparecieron en las cubiertas de los discos los mismos anuncios que en las cajetillas de tabaco: se advertía de la «peligrosidad» de las letras, por explícitas (eso también se refería al uso de tacos).

La evolución

El rap dio voz al nuevo afroamericano, oprimido por el sistema. Aunque nacido en el Bronx, y rápidamente trasvasado a Brooklyn, en Nueva York, pronto se hallaron antecedentes: James Brown, Isaac Hayes y Gil Scott-Heron. El rap permitió desarrollar una nueva música, basada en el ritmo a veces sostenido, aderezada con el *slang*, el lenguaje popular de las calles. Al rapearse, se hacían rimas sencillas, a veces improvisadas. Con el estilo llegó la moda, peinados radicales cuando no cabezas totalmente rasuradas, ropas escandalosas, tres tallas más de lo normal, pantalones caídos, proliferación de joyas o colgantes. Los mismos vídeos de los años ochenta empezaron a marcar fronteras peligrosas, a veces por misóginos. Cantantes desafiantes rodeados siempre de mujeres con poca ropa, imágenes que rozaban el mal gusto, sexo casi explícito.

Los Sugarhill Gang habían sido pioneros, pero los primeros en entrar en las listas de éxitos fueron Grandmaster Flash and the Furious Five, más tarde ampliados con la cantante Melle Mel. Debutantes también en 1979, su gran éxito fue «The message» en 1982. Los *mass media* seguían empeñados en ignorar el rap. Lo encontraban aburrido, monótono, y por supuesto excesivamente radical. Pero como género ya era imparable. Empezó a ser habitual ver a negros... afroamericanos caminando por la calle con enormes reproductores al hombro y con la música a todo volumen. Se los llamó *ghetto blasters*. Pronto la nómina de artistas reconocidos aumentó: Kurtis Blow, Afrika Bambaataa, LL Cool J, Run-D.M.C. e incluso los blancos Beastie Boys, que habían empezado haciendo hardcore.

El rap aportó nuevas técnicas de grabación y audición. Afrika Bambaataa (que había sido uno de los 49 artistas fundadores del movimiento Artist United Against Apartheid, para luchar contra la discriminación racial en Sudáfrica) fue junto a Grandmaster el primero en utilizar el *scratching*, rápidamente adoptado por los *disc jockeys* de las grandes discotecas. Hacer sonar un disco al revés se llamaba *spinback*, pero el *scratching* consistía en tener uno o dos platos, con discos de vinilo, y moverlos con las manos hacia delante o hacia atrás, creando siempre bases sonoras diferentes sobre las que rapear. Afrika llegó a utilizar temas del rock alemán, Kraftwerk o Tangerine Dream, y ello dio pie al electrofunk. *Scratch* equivale a «rayar». Los *disc jockeys* pronto llevaron en sus maletines sus propios montajes, *samples*, y al utilizar discos ajenos para crear nuevas canciones aumentó la piratería. Hubo grabaciones de la época en las que podían identificarse fragmentos sonoros de dos o tres docenas de discos conocidos.

Y ni que decir tiene que el *scratch* también nació por un error. Fue Grand Wizzard Theodore el primero en que sin darse cuenta hizo sonar un disco al revés.

Los primeros escándalos

El término *rap* pronto se quedó corto y apareció hip hop para definir lo que estaba sucediendo en torno a la música negra. Los MC (*masters of ceremonies*) proliferaron y se convirtieron en estrellas. Un discípulo de James Brown, MC Hammer, se convirtió en 1990 en el artista negro con más ventas después de Michael Jackson. Su LP *Please Hammer, don't hurt 'em* y el single «U can't touch this» vendieron millones. Fue pionero al hacer una gira esponsorizada por Nike y Pepsi. Pero tanto Hammer como su réplica blanca Vanilla Ice eran considerados «blandos», más poperos que otra cosa. La verdadera furia del hip hop apareció definitivamente con las bandas duras, las que provocaban y reivindicaban la lucha como bandera.

Public Enemy fueron los primeros raperos gangsta, versión musical de los pandilleros callejeros y los herederos de la Black Panther Party. Sus discos fueron misiles dirigidos contra la línea de flotación del *establishment* blanco y la música fácil. Les siguieron 2 Live Crew. En 1989 su tercer LP, *As nasty as they wanna be*, motivó que la PMRC (Parents Music Resource Center) y el juez evangelista Jack Thompson les denunciaran por obscenidad. Nunca antes en los Es-

Public Enemy

tados Unidos un disco había sido demandado así pidiéndose su prohibición. Censura pura y dura. El caso fue el detonante para que en todo el mundo empezara a cuestionarse la música como algo más que un objeto de diversión y consumo. Lo mismo que había sucedido con los Sex Pistols, muchas tiendas se negaron a venderlo, no se radió, y en algunos estados fue directamente prohibido. La discográfica tuvo que colocar pegatinas en las portadas advirtiendo de que contenía «letras explícitas». Fue el primero de una larga serie pronto convertida en moda. Los jóvenes «querían» esos discos.

2 Live Crew fueron detenidos en diversas ocasiones, lo mismo que otros raperos. Ice Cube fue denunciado por judíos y otros grupos étnicos, pero su LP *The predator* fue nº 1 directo tras las revueltas de Los Ángeles en 1992. También Ice-T mezcló sexo y drogas en su primer disco y acabó en el punto de mira por su tema «Cop killer» (Policía asesino). Los disturbios en el barrio de Watts zarandearon los Estados Unidos, y los afroamericanos estaban en pie de guerra. Los escándalos de los intérpretes de hip hop pronto se volvieron contra ellos mismos, porque combatían un sistema pero acabaron haciendo letras xenófobas, machistas y excesivamente violentas, incitando a la revolución o directamente al asesinato (en este caso de policías).

Entre los discos rapeados y los discos de combate, hip hop, no faltaron etiquetas derivadas. Además del electrofunk ya citado, aparecieron mezclas como el new jazz swing (mezcla de soul, funk y hip hop) o el swingbeat.

Los gangsta

Igual que la marihuana había sido la droga *hippy* o el LSD la psicodélica, el crack fue la droga negra. Se habló incluso de conspiraciones para enganchar a la población afroamericana con ella. El mundo oscuro de esta trastienda cobró forma con la aparición de los gangsta, los grupos más radicales y afines a la violencia como defensa.

Si bien el foco germinal de todo esto surgió de Nueva York, era en Los Ángeles donde más bandas y más conflictos había entre la población negra y los blancos. Pronto los artistas de la Costa Oeste insultaron a los de la Costa Este, acusándolos de blancos. Uno y otro extremo del país se disputaron el centro y nació una guerra civil musical. Ice Cube creó la organización Westside Connection, y su disco *Bow down* se consideró un insulto y un ataque contra los artistas del Este. La réplica llegó con *New York live*. Parecía ser una guerra de egos, pero el asesinato de Tupac Shakur demostró que era algo más. Tupac fue el primer artista de hip hop en conseguir un doble platino por un disco a las primeras de cambio, para llegar en poco tiempo al quíntuple. Cuando su CD *Me against the world* (Yo contra el mundo) fue n° 1, él estaba en la cárcel por un delito sexual. En septiembre de 1996 Tupac fue asesinado en Las Vegas. A los seis meses, en la otra punta del país, otro líder gangsta, el Notorius B.I.G., también caía abatido por las balas por el método del *drive-in* (disparar desde un coche en marcha). Seguidores de uno y otro se acusaron mutuamente de los crímenes y antes de que la guerra llegara a más, al estilo de la mafia, ambas costas se reunieron en territorio neutral, la sede de la Nation of Islam, de Chicago, para sellar la paz. Era el 3 de abril de 1997. Mientras, el último disco del Notorius, editado a su muerte, vendía 6 millones de copias.

Hip hop como género

Ni el rap ni el hip hop dejaban de ser parte del mismo proceso musical de la población afroamericana. Sin embargo, la aparición del término hip hop es de la segunda mitad de los años ochenta. Si bien hay antecedentes, Public Enemy y otros, el grupo De La Soul aparece como el pionero a través de su disco *3 feet high and rising*, en 1989. De La Soul estaba en contra de la comercialización del rap, rápidamente convertido en género comercial por parte de la industria, como siempre. Al trío tampoco le gustaba la violencia ni la parte misógina y buscaba una mayor integración musical y la concordia entre blancos y negros. Su nivel intelectual hizo que les llamaran los hippies del rap. Utilizando *samples*, aportando el *skit* como novedad (un breve tema entre canción y canción), triunfaron con su línea, aunque no evitaron ser considerados «piratas». *3 feet high and rising* era un *sampler* con un centenar de temas de otros artistas, algunos irreconocibles pero otros claramente identificables, y tan variados que abarcaban desde el pianista Liberace a los hippies Turtles, que precisamente les demandaron. De La Soul también creó la asociación Native Tongues, con A Tribe Called Quest, Queen Latifah y los Jungle Brothers, para defender la cultura afroamericana sin tener que llegar a la violencia para protegerla. Un sello discográfico, Tommy Boy, se encargó de aglutinar todo este potencial.

El universo hip hop aportó dos tendencias más, de innegable peso futuro. Por un lado, una forma de bailar, el *breakdance*, llena de plástica; por el otro el mundo de los grafiteros. El graffiti inundó las paredes de Nueva York o Los Ángeles, así como los vagones de trenes, de miles de imágenes a color hechas con aerosoles, algunas de excelente calidad artística. En pocos años surgieron también el jazz rap de Gang Starr, el funk rap de Main Source o el gangsta funk de Dr. Dre. Fue precisamente Dre el que cambió la historia, primero con su disco *The chronic* y después produciendo a varios de los futuros grandes artistas, como Snoop Dogg o el mayor artista blanco del género, Eminem. En Nueva York apareció también el núcleo de los Wu-Tang Clan, un grupo de artistas que por separado vendieron diez millones de discos, aglutinados bajo el paraguas de una misma idea y un sonido identificativo. Tuvieron dos sellos discográficos, oficinas de *management*, contratación, *merchandising*...

En el hip hop no faltó una parte indie, pero lo más importante es que muchos de los que triunfaron crearon sólidas bases comerciales en torno a su música y su imagen, como Sean Combs, marcando el camino que en el siglo XXI seguirían las principales estrellas afroamericanas, como Kanye West, que erigió un imperio en torno a sí. En los años noventa las ventas de algunos discos de hip hop eran macromillonarias. Los Fugees vendieron 17 millones antes de

Eminem

que del grupo emergiera en solitario Lauryn Hill. Pero, curiosamente, el artista que más perduró con el cambio de siglo fue el blanco Eminem. Su vida quedó recogida en la película 8 millas.

Capítulo 25
La música electrónica

Pioneros

El primer disco grabado íntegramente sin instrumentos convencionales se editó en 1951 y sus responsables fueron Robert Bayer y Herbert Eimert. Muy poco después llegó el discípulo más ilustre de ambos, Karlheinz Stockhausen, padre del dodecafonismo, preámbulo del rock alemán de los años setenta. La música electrónica comenzó a triunfar a partir de este momento, y grupos como Kraftwerk o Tangerine Dream se convirtieron en sus adalides. Brian Eno, que había pertenecido a Roxy Music, grabó con Robert Fripp de King Crimson el disco *No pussyfooting* en 1973. Un tema por cara. Repetirían dos años después con *Evening star*. Tras ellos, Eno se convirtió en el primer «no músico», desarrollando una intensa carrera dentro de la electrónica, y creó un género, el ambient, relajado y envolvente. Además de ello, fue productor de Genesis, U2, David Bowie o David Byrne.

Dos de los grandes nombres posteriores fueron Philip Glass y Michael Nyman, abanderados, además, del minimalismo como concepto. Estructuras sonoras básicas repetidas y con ligeras variables. Glass se graduó en la Juilliard School de Nueva York, se enfrentó a Stockhausen, al que tildó de clásico, y, bajo la influencia de músicas tan dispares como la hindú o la tibetana, en 1976 ya compuso la ópera *Einstein on the beach*, a las que siguieron *Satyaghara* (sobre Gandhi) y *Akhnaten* (sobre el faraón del mismo nombre). En los años ochenta colaboró con Paul Simon, David Byrne, Suzanne Vega y David Bowie. Dos de sus bandas sonoras para documentales, uniendo música e imágenes, son memorables: *Koyaanisqatsi* y *Powaqqatsi*. En el caso de Nyman, también experto en crear bandas sonoras, llegó a su cénit con la de *El piano*.

Eno

La música electrónica ha generado el mayor campo de investigación y experimentación de las últimas décadas. A finales de los años ochenta aparecieron multitud de pequeños sellos discográficos que alentaron su progreso. A nivel de pop o rock electrónico, aunque para muchos «electrónicos» su música ya no es rock, a comienzos de los años noventa en Inglaterra el género se hizo incluso bailable y surgió un gran grupo, Orbital, con los hermanos Phil y Paul Hartnoll. Otro dúo esencial fue el formado por Ed Simons y Tom Rowlands, los Chemical Brothers. Los Chemical mezclaron sonidos de cajas de ritmos con guitarras y asimilaron el breakbeat como parte de su sonido. Orb fue la tercera formación importante, sumándose al ambient además de practicar música dance. Prodigy completó el cuarteto de pioneros, con Liam Howlett de líder. Liam tenía diecinueve años cuando creó la banda. Su mayor logro fue evolucionar hacia el techno y llegaron a triunfar en los Estados Unidos, donde Beck fue pionero en la materia.

Nuevos sonidos, nuevas etiquetas

La música de baile motivó que la electrónica fuera un género vacío de grandes estrellas. Todos podían experimentar, y los nuevos aparatos de «fabricar» música o sonidos ayudaron a que muchos hicieran discos desde el salón de su casa aun sin tener nociones de música. Un nuevo invento fue el midi (*musical interface for digital instruments*), barato y asequible.

Las etiquetas comenzaron a volverse locas. Un mismo conjunto podía circunscribirse a la espera alternativa, dance, post punk o trip hop. Si el grupo perduraba más allá de unos años, pasaba de una esfera a otra y de un contexto a otro. Surgieron cada vez más derivaciones además de las ya citadas, como minimal, acid, house, drum 'n' bass y otras. Con los años, las verdaderas estrellas acabaron siendo los *disc jockeys* y se perdió el culto al rockero. Adiós al *star system*. No importaba quién hacía la música, sino solo si era bailable. Así, la música de baile acabó siendo de nuevo la reina de las discotecas. Ningún equipo casero, por potente que fuera, podía competir con los de los templos del baile, ni los efectos hipnóticos producidos por la saturación de los graves. Apareció un nuevo vocabulario para definir lo que estaba pasando en la pista: el *gimmick* era el sonido que hacía reconocible una canción y provocaba que los que no bailaban se echasen a la pista; *break* era la expresión que definía el momento en que se rompía el ritmo de un tema y el sonido aumentaba; *groove* era el impulso que obligaba a bailar flotando con «buen rollo»; los *nightclubbers* eran los que iban de discoteca en discoteca a lo largo de la noche, y *handbags* los que bailaban dejando sus chaquetas, bolsos o mochilas en el suelo. Otro vocabulario definía el material del *disc jockey*: *warm-up* equivalía a la puesta en escena, el calentamiento previo antes de «pinchar» los discos; *booker* era el agente que les buscaba los contratos; *dubplates* los discos de vinilo que cada uno manejaba en exclusiva; *light-jockeys* los encargados de las luces que se combinaban con la música; los *ping-pongs* equivalían a las alternancias para la programación de los discos; *samples* eran los archivos de sonido; los *pitchs* los potenciómetros lineales que determinaban la velocidad de los platos; *splitmats* eran las piezas adaptadas a los platos, fundamentales para hacer las mezclas; *white-labels* eran los discos no oficiales, no publicados por ninguna discográfica, y por tanto exclusivos, lo mismo que los maxisingles especiales, hechos en exclusiva para ellos. Una variante de los DJ eran los VJ, *video jockeys*, que hacían lo mismo pero con imágenes.

Raves

Muchas discotecas se quedaban pequeñas ante el alud de clientes, y apareció una subindustria paralela de espacios gigantescos, habilitados en viejas fábricas o almacenes, playas o recintos privados, para celebrar allí grandes fiestas con masivas concentraciones de *dancers*. Se las llamó *raves*. Algunos lugares también se hicieron famosos por ellas, Ibiza en España o Goa en la India (donde se llevaron a cabo los *full moon partys* y que generó un nombre propio para definirlos: Goatrance). Como las discotecas tenían sus horarios, y cerraban a una hora, aparecieron los *after hour* para que los irredentos no pararan de bailar. Con esto creció la demanda de una nueva droga, las pastillas químicas, sintéticas, como el éxtasis (MDMA), para mantenerse en pie 48 o 72 horas de forma ininterrumpida. El éxtasis inhibe las defensas del cerebro, produce empatía e incrementa los neurotransmisores serotónicos. Por desgracia quema las neuronas cerebrales y produce terribles consecuencias a medio y largo plazo. El uso de drogas químicas despertó la preocupación de todo el mundo, porque cada fabricante ponía sus propios ingredientes en las pastillas y los médicos a veces no sabían a qué se enfrentaban ni por qué una pastilla no producía efectos en mil personas, pero era capaz de matar a una.

Las *raves* eran ilegales. Carecían de permisos. Se celebraban en lugares clandestinos, sin medidas de seguridad. Las autoridades inglesas fueron las primeras en perseguirlas. Durante mucho tiempo hubo penas de cárcel, multas, confiscación de equipos… pero no

lograron detenerlas. Para los jóvenes también eran un reto. La forma en que miles de personas se enteraban de una *rave*, cuando no existían teléfonos móviles ni mensajería instantánea, era un prodigio. Miles de chicos y chicas suspiraban por dar con una *rave* el fin de semana. El verano de 1988 en Londres fue el segundo verano del amor, emulando el de 1967. Uno de los grandes eventos protagonizados por la música electrónica fue el Love Parade de Berlín. En 1989 un *disc jockey* llamado Dr. Motte se subió a su coche, montó un altavoz, y se paseó por las calles invitando a la gente a bailar. Eso dio paso a la Marcha del Amor y con los años derivó en el mayor festival al aire libre para bailar, con un millón de personas disfrazadas compartiendo libertad, musical y sexual. En 1989, además, cayó el Muro de Berlín, y el mundo olvidó la Guerra Fría.

House y techno

La música electrónica se convirtió en el campo de experimentación de los años noventa. Surgieron un sinfín de variables y tendencias, a veces lideradas por un único grupo, sin nadie más secundándolas.

Del ambient he hablado antes. Al comienzo era música ambiental, de ahí su nombre. La base del ambient era la superposición de sonidos sintéticos, una corriente relajada con la música en segundo plano, todo lo contrario de lo que hicieron Throbbing Gristle, que investigaron la conversión del sonido en ruido. En el otro extremo del ambient estaba el dance, hecho para bailar.

La principal derivada de unir electrónica y discoteca fue el house, que nace en un club de Chicago llamado Warehouse y es un híbrido del disco sound, el funk y la música electrónica europea. El house fue un sonido radical motivado porque en Chicago se bailaba de forma diferente a como se hacía en Nueva York. Sin embargo, *house* (que significa casa) también señalaba a los músicos que se hacían sus discos o programaciones en casa, con un sintetizador de segunda mano, una caja de ritmos y un grabador de cuatro pistas. Las *raves* de los ochenta y noventa se nutrieron del house, que a su vez se subdividió en un sinfín de categorías, hip-house, acid-house, tribal-house, filter-house, hard-house, disco-house, house-latino, nu-house, gabba-house e incluso flamenco-house en España o italo-house en Italia. Del acid-house, la rama principal, se pasó al acid-jazz, con sonidos más funkies. Finalmente el avant-house llevó al techno, con h, diferente del tecno de comienzos de los ochenta en Inglaterra. 808 State fue el grupo clave del acid-house y el dance, mientras que Cabaret Voltaire lo fueron del post-punk. El acid, marcado por el sonido repetitivo, tuvo en el famoso Smiley (un círculo amarillo con dos ojos negros y una sonrisa) su símbolo universal.

Techno fue el nombre que recibió la música inspirada o here-dada de grupos como Kraftwerk o el funk electrónico de George Clinton. En Inglaterra llegó procedente de la variante acid-house que se hacía en Chicago. Hubo techno-factorías muy potentes en Bélgica, Italia o Alemania. La belga, por ejemplo, precedió al new beat, que tenía un ritmo pesado y lento. Otro punto focal, alejado de los circuitos habituales, fue Japón, centrado sobre todo en la zona de las discotecas en Tokio, Shibuya.

Un *disc jockey* llamado Charles Johnson pero apodado el Electri-fying Mojo popularizó en Detroit el programa The Midnight Funk Association. La ciudad. Que había visto nacer el Motown sound, volvió a ser cuna de un emergente movimiento y decenas de gru-pos nuevos dominaron su panorama. Inglaterra bebió de las fuen-tes musicales de Detroit a través del LP recopilatorio *Techno! The new dance sound of Detroit*, con lo mejor de lo que se hacía en la ciudad.

Más estilos electrónicos

El trance era repetitivo y melódico. Surgió en Alemania y se asoció de inmediato a las drogas psicotrópicas. Mezclado con el hardcore pasó a llamarse hypnotrance, por sus efectos hipnóticos en la pista de baile. El acid en cambio se asoció a drogas lisérgicas y era mu-cho más bailable y cien por cien instrumental. El bleep, nacido en

Sheffield, sonaba con baja frecuencia. El minimal triunfó en el centro y el norte de Europa y evolucionó mejor que otros con las aportaciones del laptop y el click and cuts. El gabber fue el equivalente del thrash metal electrónico, que era un martillo feroz en las pistas de baile y no daba respiro. Cada país adoptó según su idiosincrasia estos tipos de música electrónica destinados a bailar. En España se le llamó *makina* y también *bakalao* mientras que en Europa se hizo con el nombre de eurobeat.

La libertad sexual hizo que aparecieran discotecas específicas para gais, y la música que se brindaba en ellas recibió el nombre de hi-nrg, simplificación de *high energy*. Cuando la fiesta se celebraba en casa se la denominaba IDM (intelligence dance music). También en las discotecas nació una zona aislada, lejos de las pistas, para aquellos que querían descansar o desconectar del vértigo. Pero no eran zonas silenciosas, también había música, y esa música, lenta, cadenciosa, envolvente, se la llamó *chill out*. Pronto se hizo famosa y aparecieron no solo discos de chill out sino bares o pubs destinados específicamente a la calma. El nacimiento de ritmos fríos y monótonos también recibió un nombre: *ebm (electronic body music)*. Por último, existió una variante discotequera conocida como *dancehalls*, dedicados al raggamuffin, mezcla de rap y reggae muy rítmico. Sus *disc jockeys* eran raperos cantantes y se los bautizó como *sing-jay*.

Los años noventa fueron un enjambre de ritmos bailables que existían a espaldas del rock y la música de las listas de éxitos. Forman una curiosa parte de la historia, pero también una locura llena de nombres asociados a ritmos, drogas o ciudades.

b.p.m.

La abreviatura b.p.m. equivale a *beats per minute* (golpes por minuto). El b.p.m. es lo que marca el ritmo de una canción. Cuantos más b.p.m., más frenesí de baile potenciado por bajos y batería (o la programación de ambos en la caja de ritmos). Cuando la electrónica y la música de baile dominaron el panorama musical, se estableció que para la estabilidad emocional lo aconsejable era quedar por debajo de los 135, que ya era mucho (más de dos golpes por segundo). Pero esos mínimos pronto se rebasaron. En las discotecas lo normal era escuchar canciones a unos 150. En las gigantescas *raves* ese límite también se rebasó y se alcanzaron cumbres brutales de 250 b.p.m. Todos los que pasaban el fin de semana bailando, tomando pastillas para permanecer despierto, y soportando esos tremendos golpes en sus oídos y cerebros, acabaron convertidos en volcanes andantes.

Para alcanzar esos b.p.m. también se hizo una música más salvaje. El hardcore dio paso al jungle y al drum and bass, que como dice su nombre era puro bajo con graves muy profundos y batería, acelerada electrónicamente. El drum and bass generó nuevas variantes, el artcore (jungle experimental), el hardstep (mezcla de hardcore y ragga), el techstep (mezcla de jungle y techno), el darkside, el ragga africano-caribeño, el liquid funk... Esta explosión decibélica alcanzó finalmente su máximo con el infra-bass, que sonaba entre 20 y 50 hertzios con las LFO (*low frecuency oscillations*, oscilaciones de baja frecuencia) y era una bomba de relojería mental.

Trip-hop

Posiblemente el género o subgénero que más y mejores músicos y nombres aportó a la esfera electrónica fuera el trip-hop. Iniciado en 1993 en Bristol, contó con un grupo emblemático, Massive Attack. Sus cuatro primeros discos, con *Blue lines* a la cabeza, fueron un gran éxito internacional y definieron un sonido basado en atmósferas densas que producían un efecto catárquico. *Samples*, bajos profundos, guitarras y melodías mezcladas en música de vanguardia capaz de llegar al gran público. *Blue lines* fue uno de los discos de la década y el trip-hop se abrió con él y Massive Attack en otras direcciones, el jazz, el dub, el ambient, el house y el jungle. Después de ellos aparecieron Portishead y su disco *Dummy* mantuvo el camino que siguieron Tricky (ex Massive Attack) o DJ Krush, que creó el downtempo o trip-hop abstracto. Al otro lado del Atlántico el principal grupo fue Thievery Corporation.

Al término de la década de los noventa, el trip-hop era de los pocos estilos mantenidos en el alero, pero ya evolucionado. Se entroncó con el acid jazz y halló una rama más comercial incluso con el big beat, que mezclaba rock y samples.

El gran debate de fin de siglo era determinar si el rock había muerto y era ya la electrónica la música del siglo XXI o todo iba a coexistir.

Capítulo 26
Fin de siglo

Grunge

El último gran movimiento musical surgido en los Estados Unidos antes de fin de siglo fue el grunge. Y no solo musical, porque también abarcó moda y sociología. El estado de Washington (no confundir con Washington DC, la capital), al noroeste del país, limítrofe con Canadá, tiene como capital la lluviosa Seattle (300 días al año de lluvia). En Seattle floreció una buena cantidad de música de garaje a la que se llegó a conocer como Northwest punk. Sin embargo, Seattle era siempre reconocida como la cuna de Jimi Hendrix y poco más. Hasta que la floreciente música que allí se hacía encontró un canal de expansión: la discográfica Sub Pop, fundada por Bruce Pavitt. En paralelo, comenzó a hablarse de la nueva generación de jóvenes con una estética propia, pantalones rotos, aspecto de dejadez, que el escritor Douglas Coupland bautizó como Generación X. Ese estilo y la música confluyeron en la película *Singles* y el documental *Hype*, que internacionalizaron la música de Seattle: el grunge.

Todo movimiento tiene un líder emblemático que lo eleva a la categoría de «momento histórico». El líder del grunge fue Nirvana y su carismático LP *Nevermind*, el álbum más importante quizá de los años noventa. La canción «Smells like teen spirit» también se convirtió en un himno generacional. El grunge, música y moda, se exportó rápidamente a todo el mundo y los tentáculos de la industria discográfica cribaron Seattle a la búsqueda de grupos del movimiento. Por detrás de Nirvana aparecieron los más sólidos Pearl Jam, que perduraron más allá del grunge, y luego un compacto paquete de grupos liderados por Alice in Chains, Green River, Soundgarden, los Afghan Whigs y Hole, precisamente la banda de Courtney Love, la mujer de Kurt Cobain.

Nirvana

Kurt Cobain formó Nirvana como cuarteto antes de quedarse en el trío que dio el salto a la fama. Kurt era el cantante, guitarra y autor de las canciones, Krist Novoselic el bajo y Dave Grohl el batería. Su primer LP pasó desapercibido, pero con el segundo, Nevermind, llegó el enorme éxito que les acompañó. Fue nº 1, disco del año, referencia generacional y emblema de un estilo. Cobain era un notable poeta, sabía extraer lo mejor del sufrimiento humano y convertirlo en canción. Alma torturada, llena de problemas interiores, pronto se sintió superado por el éxito y los millones de dólares de beneficio. Se hacía rico gracias al dolor ajeno, al que ponía música, pero también con su propio dolor e introspección. Desde el primer día fue un héroe roto, candidato al conflicto como Jim Morrison lo había sido a finales de los años sesenta. Casado con la cantante de Hole, su vida fue tan trágica como infernal, acosados por la prensa sensacionalista de la época. En 1994, después de un nuevo LP triunfal, In utero, Cobain se pegó un tiro. Tenía veintisiete años, con lo cual pasó a integrar el famoso Club de los 27. Con su muerte comenzó la leyenda, mantenida en las siguientes décadas ya que en la segunda del siglo XXI se estrenó un documental con toda su vida a través de reveladores imágenes y declaraciones de quienes le conocieron.

Britpop

En la primera mitad de los años noventa apareció también en Inglaterra el último gran movimiento capaz de aportar buenas bandas y dar sentido a la escena musical del momento. Primero se lo llamó New wave of new wave (nueva ola de la nueva ola), pero acabó acuñándose mucho mejor el término britpop. Una serie de grupos

Kurt Cobain

reivindicó el pop de los sesenta, desde los Beatles a los Rollings, pero especialmente los Kinks, los Who, los Troggs o Small Faces. Grupos intensos, capaces de crear buenas canciones sin excesos ni largas demostraciones instrumentales. Lo que más y mejor determinó el sonido del britpop fueron las guitarras, que sonaban libres y frescas frente al exceso rítmico del hip hop o la densidad sónica de la música electrónica.

Blur fue el pionero, con Damon Albarn a la voz solista. Inspirados en los Stone Roses y los Smiths, lo suyo era tanto art pop como indie hasta que el éxito les llevó a los altares. Debutaron en 1991 pero fue su tercer disco, *Parklife*, en 1994, el que les convirtió en estrellas y líderes del movimiento. Sin embargo, *Parklife* coincidió con el primer álbum de los que serían sus grandes rivales, Oasis. El disco *Definitely maybe* fue otro hito y, lo mismo que en los sesenta con los Beatles y los Rollings, los setenta con Slade y T. Rex, o los ochenta con Spandau Ballet y Duran Duran, nació la rivalidad entre ellos. Una rivalidad que, alentada por la prensa, acabó en guerra. Oasis procedían de Manchester y los hermanos Gallagher, Liam y Noel, eran sus líderes. Liam cantaba y Noel componía. No solo existió una guerra abierta entre Blur u Oasis, con cruces de declaraciones constantes, insultos y malos modos, sino que también los dos hermanos acabaron peleados y enterrando a la banda. Liam Gallagher acabó convertido en pasto de la prensa más amarilla por sus constantes problemas personales.

El tercer gran grupo fue Suede. En 1992 fueron proclamados «mejor banda revelación» sin haber grabado siquiera su primer disco. Cuando lo editaron, fue el primer disco de un grupo desconocido más vendido en Inglaterra. Brett Anderson era el cantante y su música un pop suave e intenso, siempre con canciones que no pasaban de los tres minutos, como había sido en los sesenta. Al trío de cabeza se les sumaron Pulp, formado por Jarvis Cocker cuando tenía quince años; Radiohead, con Thom Yorke a la voz, con una carrera mantenida en las décadas siguientes a través de un envolvente pop sicodélico; Manic Street Preachers, más en la línea hard; y tras ellos Ash, los Divine Comedy, Supergrass...

Oasis

World Music

El rock siempre había sido cosa de los anglosajones. Los Estados Unidos e Inglaterra se repartían el mercado desde los inicios, dejando en los restantes países, sobre todo los europeos, su influencia para que, allí, cada cual desarrollara su propio potencial pero circunscrito a sus fronteras. Francia, Italia, España, Alemania eran una muestra. Sin embargo, ya en los años ochenta se inició una concienciación destinada a indagar en todo lo que fuera «música con raíces». No tuvo nada de extraño que Peter Gabriel creara los Festivales WOMAD (World of Music, Arts and Dance) para recuperar y dar a conocer los sonidos del mundo. Él y Paul Simon habían sido pioneros en trabajar y grabar con músicos de otras latitudes. Peter, además, creó el sello Real World en 1989 para presentar a estos artistas.

Muy pocos cantantes o grupos lograron entrar en las listas de éxitos inglesas o americanas procedentes de África, el Caribe o incluso Latinoamérica. Harry Belafonte popularizó el calipso en los Estados Unidos, Pérez Prado el mambo, Astrud Gilberto puso de moda la bossa nova, Miriam Makeba un poco de sabor africano y Ravi Shankar la música hindú. Pero desde los años noventa la World Music abrió un poco las fronteras (tampoco demasiado) y así aparecieron artistas como la israelí Ofra Haza, el maliense Alí Farka Touré, el gitano yugoslavo Goran Bregovic, la húngara Márta Sebestyén o los surafricanos Johnny Clegg and Savuka con su sonido de inspiración zulú. También se recuperaron grandes creadores como el camerunés Manu Dibango o el nigeriano Fela Ransome-Kuti junto a maestros brasileños como Caetano Veloso o Gilberto Gil y el argentino Astor Piazzolla.

Una de las músicas étnicas más importantes fue el rai (en oranés, opinión), desarrollado en el norte de África y especialmente en Argelia aunque su lugar de origen sea Orán. Desafiando los convencionalismos, con rudimentarios instrumentos, enfrentándose incluso a la barbarie, el rai se convirtió en la voz y el sentimiento de todo un pueblo. El éxito del raï, sobre todo desde la aparición del cantante Khaled y su comercial «Didi», hizo que las guerrillas integristas comenzaran a matar a todos los que lo practicaban, como Cheb Hasni, Rachid Baba, Lounès Matoub o Cheb Aziz. La mayoría acabó emigrando a Francia. El rai dio paso al rap magrebí. En Egipto también despertó el jeel y así llegaron a Europa ritmos africanos como el kwela, el jive, el soujkous, la jùjú music, procedentes de lugares tan distantes como Cabo Verde, Somalia, Costa de Marfil, Senegal o Nigeria. La consecuencia del encuentro de culturas dio paso a nuevos ritmos jóvenes, el acid Gnawa, el ethnobeat, el bhagra 'n' bass, el techno-bhangra o el Arab funk, y ya más lejos el Gaelic techno o el new Asian underground.

La zona del Caribe siguió exportando música además del reggae. Los cubanos Buenavista Social Club, Compay Segundo o los Van Van. Los mexicanos Maná o Molotov. Aterciopelados, Estados Alterados o Shakira en Colombia. El dominicano Juan Luis Guerra que popularizó la bachata. Un foco excepcionalmente activo fue la música celta, con estrellas como Enya, los Chieftains, Clannad o Nightnoise. También los portugueses Madredeus, el hispanofrancés Manu Chao. De todas formas, bajo el paraguas de la World Music se cobijó todo hasta formarse un enorme cul-de-sac. ¿Sería World Music Paco de Lucía, o los australianos Te Waka? Los estadounidenses acabaron creando unos premios Grammy latinos.

Unpluggeds y negocio

Una de las últimas modas de los años noventa fue grabar álbumes acústicos, unpluggeds (desenchufados), casi siempre en vivo, y la mayoría de las grandes estrellas se unieron a ella, desde Nirvana hasta Eric Clapton. La cadena MTV fue también pionera, ofreciendo conciertos exclusivos. La masiva adaptación e integración del CD hizo generar otra clase de negocio: la reedición de las discografías de los grandes artistas en CD. Como los LP de vinilo ofrecían a lo sumo 40 minutos de música, y en un CD cabían 80, se reeditaron los discos originales con añadidos, temas desechados, caras B de singles, tomas inéditas (llamadas *outtakes*), etc. Comenzó la expurgación y vaciado de archivos. Aparecieron cajas con todos los discos de un cantante o grupo, adornadas con libritos y fotos inéditas. Tras el CD llegó el DVD, con conciertos históricos o filmaciones hechas *ex profeso* para vender en este nuevo soporte.

Citas para el cambio

En el cambio de siglo hubo dos estrellas femeninas fundamentales, Mariah Carey, que tuvo cinco números 1 consecutivos, y Celine Dion, que fue la máxima vendedora con el tema de la película *Titanic*. Tras ellas destacó una vez más un enjambre de artistas, como Janet Jackson o Garth Brooks, mientras que el único gran grupo surgido a comienzos del siglo XXI fue Coldplay. Entre la pléyade de nombres que prevalecieron un poco más que el resto, hay que citar a Tori Amos, Babyface, los Black Crowes, Toni Braxton, Belle and Sebastian, los Corrs, Sheryl Crow, P. J. Harvey, Jamiroquai, Moby, Alanis Morisette, K. D. Lang, Sinéad O'Connor, Rage Against The Machine, Texas, los Waterboys y pocos más, como el desmadrado Marilyn Manson (mucha imagen, poca música) o la continuidad de los fenómenos para fans, como las Spice Girls. También fue el reinado de las herederas de Madonna: Britney Spears, Christina Aguilera o Shakira.

Capítulo 27
XXI: El siglo tecnológico

11 de septiembre de 2001

Cuando el día 11 de septiembre de 2001 dos aviones se estrellaron contra las Torres Gemelas de Nueva York, un tercero lo hizo contra el Pentágono y un cuarto fue abatido por los propios pasajeros antes de que lo hiciera, presumiblemente, contra el Capitolio de los Estados Unidos, el mundo entero comprendió que lo que se avecinaba no iba a ser bueno. Y no lo fue. El belicista presidente republicano George Bush, hijo del que ya en los primeros años de la década de los noventa había atacado a Irak, desencadenó la llamada «guerra contra el terror». El resultado fue un planeta inestable, con crisis, miedo, que ha vivido desde entonces una inacabable guerra distinta a las del siglo XX. Se derrocó al presidente de Irak con la acusación falsa de que escondía «armas de destrucción masiva» en su país, se entregó la nación a diferentes facciones que se masacraron entre sí, y lo mismo sucedió en Afganistán. En pocos años llegaron las llamadas «primaveras árabes» que derrocaron Gobiernos déspotas, como el de Libia, pero no solucionaron nada al dejar el terreno nuevamente bajo el control de decenas de grupos armados, a veces de una tribalidad inquietante. La guerra de Siria, la aparición primero de Al-Qaeda como célula de terror y después del autoproclamado Califato Islámico como bastión del fundamentalismo derivaron en un terrible panorama internacional, inestable y temible. Los atentados de Nueva York y Washington tuvieron secuelas no menos duras en Londres, Madrid y París. Cualquier terrorista suicida podía matar en cualquier parte del mundo. ¿Y cómo se combatía a hormigas suicidas?

Internet

La red, que comenzó a imprimir su reinado a mediados de los años noventa, catalizó en el siglo XXI la vida de la humanidad. Al menos la vida de los que tienen acceso a aquella. Todo comenzó a pasar por internet. Un visionario llamado Steve Jobs dijo en los años ochenta que iba a «crear algo que la humanidad ni siquiera sabía que iba a necesitar». Y lo consiguió. En la actualidad casi ninguna persona del mundo occidental vive sin un ordenador personal en casa. Jobs también enterró el viejo walkman y fue capaz de inventar un aparato en el que meter mil canciones. ¿Cómo? Comprimiendo la canción. Así nació el MP3. La música dejó de tocarse y verse, estaba al alcance de un dedo. Se democratizó, pero perdió su papel rebelde y su personalidad. Lo que se oía estaba enlatado y empaquetado. Adiós a los melómanos capaces de subir graves o bajar agudos en el ecualizador de su aparato reproductor. Adiós a la emoción de comprar un disco, ver y admirar la portada, leer la letra directamente o ponerlo en el tocadiscos o el reproductor de CD.

Con internet llegó la globalización. ¿Lo positivo? El mundo al alcance de todos. ¿Lo negativo? Que la globalización no dejaba de ser un genocidio cultural con predominio de las culturas dominantes. Internet significa «interconexión de network». Las páginas de su contenido eran www (world wide web). Aparecieron los *zippies* (*zen inspired Pronoïa professionals*). Ya no era necesario trabajar en una oficina, podía hacerse en casa y desde cualquier rincón del mundo con una conexión. Cuando en la primera década apareció Facebook, la más grande red social creada para conectar a las personas, se dio otro giro de tuerca. Curiosamente, la gente, siempre pendiente de su privacidad, se entregó a Facebook en cuerpo y alma, desnudándose ante los demás.

Internet ha generado fenómenos como YouTube, donde pueden encontrarse vídeos o canciones de todos los artistas del orbe más de millones de desconocidos que cuelgan sus grabaciones por deporte. Obviamente la piratería se adueñó del mercado en menos de una década, enterrando las ventas discográficas. A comienzos de siglo las discográficas empezaron a entonar el *mea culpa*. Con el CD se les había dado a los piratas la cinta máster de una grabación. Discos y películas aparecían ilegalmente antes incluso de ser presentados o estrenados. No solo era la venta callejera. La red contribuyó a facilitar la piratería con las plataformas de intercambio. Miles de autores, cantantes, escritores o productores dejaron de percibir dinero por sus logros artísticos. Bernard Miyet, director de la SACEM (la Sociedad de Autores francesa) dijo que «nadie va a pagar nunca por algo que puede tener gratis». La piratería pasó del 15 por ciento en el año 2000 al 90 por ciento en una década. Detrás de ello cerraron tiendas, distribuidoras, librerías, empresas, comercios y un largo etcétera que dependía de una industria que hizo agua por los cuatro costados. Que España estuviera en el top 10 de países más piratas se convirtió en una vergüenza, porque los nueve restantes pertenecían al Tercer Mundo (África, Asia o Latinoamérica). El 11 de junio de 2002 se celebró por primera vez el Día Sin Música como protesta por la piratería discográfica. Sin embargo, un 60 por ciento de personas encuestadas declaraba que pagaría (incluso en internet) siempre que el producto fuese bueno y técnicamente mejor que en circunstancias ilegales. Empezaron a prosperar las grandes plataformas que ofrecían música *on line*. La primera fue Napster y con ella se inició la hecatombe. Lo único que hacía Napster era conectar a usuarios entre sí para que «intercambiaran» contenidos. Nadie robaba, pero la industria discográfica hizo aguas. Los puntos débiles del sistema quedaron expuestos rápidamente. Después aparecerían las plataformas de pago, Apple o Amazon, y el concepto de *streaming* (distribución digital de contenidos multimedia mediante redes de ordenadores).

Hasta el 11 de septiembre de 2001 se defendía que la red tenía que ser libre y estar al alcance de toda la humanidad. Después de los atentados volvió la censura y se legislaron contenidos, aunque con pocos efectos prácticos. Las ondas saltaban las fronteras. El siglo XXI se inició pues con el desafío tecnológico, algo así como una inmensa ola, producto de un tsunami, imparable para todos.

Últimas noticias
de los primeros años de siglo

Una vez más, en tiempos de diáspora, sin una fuerza motriz capaz de canalizar el mundo de la música en una dirección, los primeros años del siglo XXI han traído más confusión que historia. Sin grandes movimientos como antaño, el pop de los sesenta, el heavy, el underground, la música disco o, dando un salto, el britpop de los noventa, los sonidos desde el año 2000 se han caracterizado por la investigación electrónica, en múltiples direcciones, y el mantenimiento estandarizado de las viejas o nuevas estrellas. El siglo XXI se ha caracterizado por la escasa aportación de figuras capaces de generar algo más que un instante de luz personal. La máxima vendedora ha sido una inglesa, Adele. Ha habido artistas-empresarios capaces de crear imperios, como Kanye West. Una de las divas más personales ha sido Beyoncé, otra Lady Gaga, otra Katy Perry, otra Taylor Swift. No ha faltado una mártir, Amy Winehouse, poseedora de una voz única y que, con apenas un par de álbumes, pasó a engrosar el tristemente célebre Club de los 27, porque también murió a esa edad, como Brian Jones, Jim Morrison, Janis Joplin, Jimi Hendrix o Kurt Cobain.

Desde el comienzo de siglo, han proliferado los estilos ambiguos o de corta duración, algunos incluso ignorados por los críticos: old skool, post-jungle, house latino o techno-rock. Pocas estrellas veteranas llenan estadios (Bruce Springsteen, U2 o Coldplay), y los shows en vivo se han caracterizado por ser una enorme montaña rusa de efectos y sensaciones adornando lo esencial: la música. Para las nuevas generaciones, el rock ha muerto, o es el pasado. Un error. Seguimos en la Era del Rock. Y seguimos, simplemente, porque no ha habido nada que haya desterrado al rock para crear una nueva frontera como hizo él con relación al pasado. Los que atacan al rock lo hacen defendiendo la electrónica como paradigma de lo que serán las próximas décadas de siglo. Pero la electrónica ha seguido perdiéndose en múltiples esferas. El glitch buscó belleza

Beyoncé

Amy Winehouse

partiendo de ruidos y gemidos. El speed garage aportó un efecto digital llamado *timestretching* mediante el cual se alargaba o acortaba el sonido del *sample* sin que se acelerara o disminuyera el *pitch* musical básico. Buscaba una mejor sonoridad pero acabó siendo utilizado para crear ambientes angustiosos con intensidad repetitiva hasta la tortura. El 2step trató de recuperar el rhythm and blues y el soul como partes vocales. De él surgieron en breakstep o el garidge. Más términos: post rock (rock clásico con tecnología), post folk (reinterpretación del folk), soul power (punk más soul), indietrónica (rock alternativo con tecnología), new acustic movement (folk modernizado), Americana (folk, rock y country), clicks and cuts (minimalismo), electroclash (gusto por el exceso, maquillajes y sexo), stoner (rock duro de nuevo) y por supuesto todas las variantes que incluyan la palabra garaje, siempre presente, como con el resurgir de los grupos guitarreros de tipo los Strokes o los White Stripes. Una última tendencia fue aplicar el término nu a diversas variantes de la primera década del siglo XXI. Nu metal, nu jazz, nu house o divas nu soul son ejemplos.

Futuro

La música ha perdido gran parte de su componente rebelde, de agitador social, pero el fondo sigue ahí, tal vez dormido, tal vez agazapado. Sigue siendo un motor poderoso y joven por más que los viejos rockeros peinen canas o vayan muriendo con el paso de los años. El siglo XX no se entendería sin el fenómeno que representó el rock en su segunda mitad. Y en el XXI nos falta por ver asombrosos logros, como por ejemplo que se revitalice, digitalmente, a los Beatles o los Rolling Stones, a Elvis o a Michael Jackson, haya conciertos holográficos o se les haga cantar juntos mediante trucos de laboratorio que parecerán mágicos. A fin de cuentas los grandes seguirán siendo explotados por las generaciones que no les conocieron.

El futuro, en música, nunca está escrito. Mañana mismo puede aparecer el gran grupo que lance de nuevo la historia, o el cambio que genere unos años más de buenos sonidos y canciones. Porque de eso se trata a la postre: de sonidos y canciones, obras que perduren y nos acompañen. El rock ha sido la banda sonora de nuestra vida a lo largo de las últimas décadas. La tecnología ha modificado los hábitos, la manera de escuchar la música, y la piratería ha sacudido el universo comercial, pero seguiremos conmoviéndonos con una buena balada, moviéndonos con un buen ritmo o gritando en un concierto con un tipo desatado en el escenario mientras agita su guitarra. Nada ha sido tan fundamental en estas décadas como esa imagen del guitarrero rockero que ha dado signo y nombre a un tiempo.

Lo dijeron los Stones: es solo rock, pero nos gusta.